A Casa Pleiadiana da Iniciação

Uma Jornada pelas Salas dos Guardiões da Sabedoria

Mary T. Beben

Com prefácio de Barbara Hand Clow,
autora do *best-seller A Agenda Pleiadina*

A Casa Pleiadiana da Iniciação

Uma Jornada pelas Salas dos Guardiões da Sabedoria

Tradução:
Soraya Borges de Freitas

MADRAS®

Publicado originalmente em inglês sob o título *The Pleiadian House of Initiation*, por Bear & Company, uma divisão da Inner Traditions International.
© 2014, Mary T. Beben.
Direitos de edição e tradução para o Brasil.
Tradução autorizada do inglês.
© 2022, Madras Editora Ltda.

Editor:
Wagner Veneziani Costa (*in memoriam*)

Produção e Capa:
Equipe Técnica Madras

Tradução:
Soraya Borges de Freitas

Revisão da Tradução:
Jefferson Rosado

Revisão:
Ana Paula Luccisano
Arlete Genari

**Dados Internacionais de Catalogação na Publicação
(CIP)(Câmara Brasileira do Livro, SP, Brasil)**

Beben, Mary T.
A Casa Pleiadiana da iniciação: uma jornada pelas salas dos Guardiões da Sabedoria/Mary T. Beben; tradução Soraya Borges de Freitas. – São Paulo, SP: Madras Editora, 2022.
Título original: The Pleiadian House of initiation.

ISBN 978-65-5620-036-1

1. Espiritualidade – Miscelânea 2. Plêiades – Miscelânea I. Freitas, Soraya Borges de. II. Título.

21-96539   CDD-130

Índices para catálogo sistemático:
1. Plêiades : Espiritualidade: Miscelânea   130
Eliete Marques da Silva – Bibliotecária – CRB-8/9380

É proibida a reprodução total ou parcial desta obra, de qualquer forma ou por qualquer meio eletrônico, mecânico, inclusive por meio de processos xerográficos, incluindo ainda o uso da internet, sem a permissão expressa da Madras Editora, na pessoa de seu editor (Lei nº 9.610, de 19/2/1998).

Todos os direitos desta edição, em língua portuguesa, reservados pela

MADRAS EDITORA LTDA.
Rua Paulo Gonçalves, 88 – Santana
CEP: 02403-020 – São Paulo/SP
Tel.: (11) 2281-5555 – (11) 98128-7754
www.madras.com.br

Dedico este livro com todo carinho à geração de apreciadores que renovarão o planeta, irrigando os lugares desertos e fazendo de suas espadas foices. Todo o meu amor e gratidão aos Guardiões da Terra – passado, presente e futuro – e aos bardos que contaram sua verdadeira história com suas canções e memórias.

Elogios para *A Casa Pleiadiana da Iniciação*

"Uma grande façanha criativa, com uma excelente escrita e a observação de uma vida vivida com consciência desperta, esse aparente mundo do faz de conta é absolutamente real. *A Casa Pleiadiana da Iniciação* é um mosaico brilhante de visão, cultura, religiões e natureza. Assim como uma aranha ancestral, Mary Beben teceu sua rede e se lançou ao céu, lembrando-nos de que viemos das estrelas. Este livro é sua iniciação para a cura. É ao mesmo tempo seu Livro dos Salmos e seu Cântico dos Cânticos."

Risa D'Angeles, autora, professora, fundadora e diretora dos Estudos, Pesquisa e Cura Esotéricos e Astrológicos

"A prosa holográfica de Beben transporta o leitor para uma experiência multidimensional, porém íntima, para acessar os planos superiores que residem em nós. *A Casa Pleiadiana da Iniciação* é um guia maravilhoso e edificante. Um verdadeiro tesouro durante esse período de evolução consciente."

Danielle Rama Hoffman, autora de *The Council of Light* e *The Temples of Light*

"Ao examinar sua casa de muitas salas – uma metáfora clássica para a alma –, iluminada por imagens e sabedoria profundas derivadas de décadas de sonho e meditação, Mary Beben nos oferece um grande tesouro: a odisseia de sua alma."

Margaret Starbird, autora de *The Woman with the Alabaster Jar*

"Se você ainda não tinha descoberto o trabalho mágico e visionário de Mary T. Beben, a hora é já. Este livro agradará aos amantes das Escolas de Mistério Pleiadianas em todos os lugares."

Anaiya Sophia, autora de *Sacred Sexual Union* e coautora de *Womb Wisdom*

"*A Casa Pleiadiana da Iniciação*, de Mary Beben, convida o leitor a acompanhá-la a uma jornada extraordinária à Unicidade das galáxias. Informada por anos de oração, reflexão e estudo, Beben encontra as palavras para relatar sua incrível busca visionária e abordar o inefável. O leitor é agraciado com uma rara introdução à evolução contínua do universo e de nosso papel como cocriadores junto ao Sagrado. A prosa graciosa da autora flui de imagem em imagem, refletindo a qualidade onírica de sua jornada. Mary Beben nos desafia a desamarrar as fibras de amor codificadas no nosso DNA."

Susan Tiberghien, autora de *One Year to a Writing Life*, *Looking for Gold* e *Circling to the Center*

Índice

Prefácio de Barbara Hand Clow 7
Agradecimentos 15
Convite à Ascensão 17
1 – Casinha nas Plêiades 23
2 – Criança Terrena 31
3 – A Experiência Pleiadiana 35
4 – Memórias da Terra 49
5 – Primeiro Despertar 57
6 – Descida 61
7 – Um Segundo Olhar 67
8 – Dentro do Caldeirão 77
9 – A Iniciação 83
10 – A Descoberta do Quarto Andar 93
11 – Avó Aranha 99
12 – A Primeira das Muitas Mansões 109
13 – Mais Fundo no Mistério 121

Prefácio

Por Barbara Hand Clow

A Casa Pleiadiana da Iniciação, de Mary Beben, convida todos nós a morarmos no nosso lar nos planos sutis. Como uma criança chamada a atravessar o portal até a terra do faz de conta, este livro maravilhoso nos instiga a entrar na mansão nas estrelas – um lar com muitos andares, salas e moradores. Nós encontramos lugares ocultos, com contos de fadas esquecidos e mitos estimados do passado – inocência infantil que amadureceu até a sabedoria adulta.

Por que as Plêiades são o nosso lar nas estrelas? Segundo sugere Mary Beben, é porque as Plêiades são um lar ao qual podemos ascensionar em consciência enquanto estamos radicados na Terra. Minha própria conexão com as Plêiades sempre foi minha fonte de *memória profunda*. Quando eu era jovem, meus avós, que foram meus professores, me contaram que vim das Plêiades. Quando adulta, fiquei feliz ao descobrir que os seres humanos relatam conexões com as Plêiades há mais de 40 mil anos, até 100 mil anos. Acho que a descoberta moderna das conexões antigas com as Plêiades é parte do retorno da cultura da deusa, por exemplo, Atenas, na Grécia, e Neith, no

Egito, que foram deusas das Plêiades. Até a Bíblia refere-se às Plêiades como um lar espiritual.

Beben diz que usa "as Plêiades" como uma metáfora para um plano superior, no qual sentimos a unidade de todos os seres na Divindade. Nós parecemos precisar de um lar nos planos superiores, assim como necessitamos de um aqui na Terra. Os mistérios católicos são há muito tempo metáforas profundas para estados de consciência muito elevados para os cristãos. No entanto, uma confusão recente na Igreja Católica Apostólica Romana fez muitas pessoas perderem seu senso de conexão com esses estados místicos. O livro de Beben resgata alguns desses mistérios à luz da consciência moderna, que abre nossas mentes e corações. Quando nossos corações abrem, eles se enchem de clareza e de compaixão. Então nós nos lembramos do nosso lar espiritual – as Plêiades –, um lugar para reflexão, meditação e contemplação. Ela descreve um fluxo profundo de atividade que pulsa por toda a casa nas Plêiades, que parece o coração do cosmos. Ela diz que nessa casa os sonhos são filtrados para nós como iniciados adormecidos, e nós despertamos. Este livro tem muita sabedoria profunda, bem como uma dimensão humana muito comovente.

O livro *A Casa Pleiadiana da Iniciação* é sincero quanto a nossas limitações humanas, que Beben investiga compartilhando brevemente sua própria vida. Como uma mulher com quase 80 anos, que de repente foi abandonada há dez anos por seu marido, logo antes da celebração das suas bodas de ouro, Beben precipitou-se na noite escura da alma. Nas dores de uma jornada espiritual impactante, ela se uniu ao sofrimento de todos. Mas também descobriu que os véus de separação com os outros mundos derretiam enquanto ela sofria. Sua história, de ser acompanhada ao inferno para ver cada cena possível de crueldade humana e abuso, é inesquecível. Enquanto acontecia, ela sabia que tudo o que via estava ocorrendo de fato naquele momento. Sua jornada ao inferno foi real, não um sonho, e isso a libertou. Ela deixou o passado e toda sua vida anterior para trás, e encontrou o "agora eterno".

Na minha própria experiência, de maneira misteriosa em ressonância com a da autora, o agora eterno *é* as Plêiades, um mundo eterno que é um lar para o coração humano. Recentemente, muitas pessoas me contaram que sentem uma conexão com as Plêiades. Elas parecem estar vivendo plenamente na Terra enquanto vivenciam o auge da evolução humana. Como Beben diz: nós estamos percebendo que somos seres espirituais que descemos à Terra para vivenciar a vida biológica. Nós devemos levar essa experiência de volta às Plêiades, de volta aos planos superiores. É outra forma de dizer algo que eu disse em *A Agenda Pleiadiana* há 20 anos: "No auge da evolução humana, nossa espécie semeará o universo". Nós estamos nos preparando para nos enviar para o cosmos, e o surgimento do livro de Mary Beben nos lembra de que atingimos nossa ascensão evolutiva por 100 mil anos de consciência humana para buscar o espírito. *A Casa Pleiadiana da Iniciação* é uma das chaves para a porta das dimensões superiores; lá nossa chegada é aguardada com uma alegre expectativa.

BARBARA HAND CLOW é professora cerimonial aclamada internacionalmente, autora e pesquisadora do calendário maia. Seus vários livros incluem *A Agenda Pleiadiana, Alquimia das Nove Dimensões,** *Awakening the Planetary Mind, Astrology and the Rising of Kundalini* e *O Código Maia**. Ela deu aulas em locais sagrados por todo o mundo e mantém um *site* sobre astrologia: <www.HandClow2012.com>.

---

*N.do E.: As três obras foram publicadas em língua portuguesa pela Madras Editora.

Agradecimentos

Devo minha gratidão e estima a muitos seres e pessoas, tanto visíveis como invisíveis. Incontáveis professores, mentores, escritores, curandeiros e encorajadores de todos os tipos devem permanecer anônimos. Mas há algumas almas iluminadas que abriram o caminho e tornaram este trabalho possível de uma forma tão especial, que devo dirigir-lhes meu mais humilde agradecimento.

À Comunidade de Oração de Emmanuel, principalmente Sue Gehringer, que conduziu este trabalho comigo como uma irmã por 40 anos.

Ao Dr. Bonnie Damrom, cujas orientação e sabedoria fizeram toda a diferença.

À Barbara Hand Clow, que me conheceu no caminho e me abrigou.

A Ginny Koenig e Terry Holman, que acreditaram no trabalho e passaram horas me ajudando a organizar meus pensamentos e os vários rascunhos.

À Susan Tiberghien, cujo sábio livro *One Year to a Writing Life* encorajou e favoreceu minha escrita em novas formas.

Nem preciso dizer que o maior débito de gratidão vai para a Fonte da qual jorram todas as bênçãos e àqueles que esculpem, trabalham e encarnam o sonho da Visão Divina.

Convite à Ascensão

Nós somos uma família de seres que reconhecem o grande cosmos como nosso lar. Felizes em nos chamar de uma família menor e mais íntima, também somos cidadãos da Terra, o planeta que mais amamos. É meu desejo mais profundo que aqueles que adentram essas páginas encontrem uma nova alegria em pertencer à frágil e forte, humilde e real raça de terráqueos. Passamos por eras de transformação para nos associarmos à aliança de todos os seres que compartilham nosso maravilhoso lar cósmico. Enquanto prosseguimos com nossa tarefa de reconstruir nosso planeta, estamos seguros do amor profundo e do apoio filial de outros seres que habitam todas as dimensões. No amor não há separação; no amor somos um só.

Você está convidado a embarcar em uma viagem alegórica por um caminho espiritual, tal como uma pessoa que vive na Terra no século XXI a vivencia. As aventuras que você lerá são absolutamente verdadeiras, mas essas coisas não podem ser contadas no idioma de sua fala cotidiana. Portanto, elas são combinadas a um tecido menos denso, mas sutil, que pode tocar seu coração, em vez de bombardear seus sentidos. Há também um vislumbre aqui da vida futura na Terra. Ele aponta o caminho para a "ascensão" como uma abertura para planos de existência superiores que são naturais para nossa experiência humana.

Minha maior preocupação é que esse chamado a uma espiritualidade mais profunda seja entendido como uma fuga do mundo que compartilhamos com todos os outros seres no planeta. Isso não poderia estar mais distante da verdade. Essa é uma visão profética da nossa evolução – de tudo e de cada um de nós – para um destino mais centrado e gratificante aqui neste globo incrível que chamamos de lar.

É um chamado para entrar totalmente na nossa realidade terrestre como a chave para a evolução e a felicidade, enquanto construímos nosso lar aqui. O aglomerado estelar das Plêiades, também conhecidas na astronomia como as Sete Irmãs, é usado nessa jornada como uma metáfora para um plano superior, a partir do qual podemos sentir a união de todos os seres no Divino.[1] Em vez de pensar nos seres Pleiadianos como extraterrestres, somos solicitados a cogitar a probabilidade de que "eles" sejam facetas ascensionadas de "nós", oferecendo-nos ajuda por meio de nosso conhecimento mais elevado e abrindo nossos corações para além dos limites impostos por um sistema de crença de separação. Este trabalho promove a abertura necessária do coração para que possamos acessar a consciência superior, a clareza e a compaixão. A ascensão não significará deixar a Terra, mas se elevar a uma nova plataforma com a qual possamos ver nossos muitos problemas de uma

---

1. O aglomerado estelar das Plêiades, composto de estrelas extremamente brilhantes que se juntaram nos últimos 100 milhões de anos, está entre os aglomerados estelares mais próximos da Terra, e é o mais visível no céu noturno. Em algumas culturas, nosso Sol é visto como a oitava estrela nesse aglomerado, estreitamente associado com as Plêiades.

perspectiva além de conflitos de adversários. Isso foi chamado de quinta dimensão – um lugar além da visão limitada das terceira e quarta dimensões.[2] Não é uma promessa de felicidade paradisíaca, mas uma certeza de que nós veremos e sentiremos as respostas que aparecerão quando corações forem transformados e a alegria redescoberta.

Nossas mitologias pessoais iluminam nosso caminho e nos levam a aventuras de alegria, sofrimento e, por fim, transformação. Eu compartilho algumas das minhas aqui para encorajá-lo a mantê-lo no caminho que você reconhece para si.

Neste livro falo de Deus, ou o Divino, consubstanciado com o Amor, no qual todos vivemos e temos vida. Também falo de outros lugares no universo, como as Plêiades, onde podemos estar igualmente em casa. Falo desses locais metaforicamente, pois em nenhum momento nós abandonamos nossa joia de planeta. Quanto "mais alto" ascensionamos na consciência, mais ficamos aterrados e radicados no lugar da nossa encarnação física. Seres espirituais não terrenos só podem existir totalmente em suas próprias dimensões se nos associarmos a eles aqui na Terra. Nós só podemos existir em todo nosso potencial se nos ligarmos com essas energias, inteligências e inspirações superiores que não são limitadas por forma física.

Eu o convido a se juntar a mim na visita a alguns desses outros planos que acentuam e apoiam o nosso. Somos os guardiões do planeta, que é celebrado em música e histórias por todo o universo. Por favor, junte-se à celebração. Que você seja

---

2. A dimensão acima da forma material que pode ser alcançada pela ascensão além das dualidades. É um estado ao qual podemos chegar quando nos elevamos além de "tomar um lado" e ficamos presos no cabo de guerra gravitacional dos opostos. É o plano do amor e da luz.

carregado nas asas do amor enquanto compartilha este testemunho.

A Harpa de Taliesin[3]

Por séculos nossa música

ressoa,

por

turbilhões do tempo

levada,

curvando-se

como névoa

para passar por buracos de fechadura

e de minhocas,

juntando-se ao som da

nossa canção. Por quem mais

ansiaríamos,

meu bardo?

Nós mergulhamos

---

[3]. Taliesin foi um lendário poeta e cortesão britano. Acredita-se que sua obra do século XVI possa ter sobrevivido como uma parte de um manuscrito em galês médio, o *Livro de Taliesin*. Ele é famoso por ter cantado nas cortes de pelo menos três reis celtas.

em pequenas poças de tempo,

observando a Grande Canção

emergir

do mar eterno,

invisível,

pairando no horizonte,

flamejando volta e meia

como um relâmpago de calor

enquanto tentamos entrelaçar

o som, o chamado,

a súplica, a dor ardente

do enorme coração da Terra,

na melodia,

o envia

às estrelas solitárias que estremecem

ao som da sua voz.

Mary T. Beben

Capítulo 1

Casinha nas Plêiades

Esta casa que achei ter descoberto é uma que está na minha família há séculos ou eras. Estou redescobrindo agora minha casa nas Plêiades depois de ter ficado longe por muito tempo. É bom se reconectar com minha antiga e eterna vida. Tentarei relatar o que acontece aqui.

Ela parece estar vazia à primeira vista, mas está mesmo? Para explorá-la comigo, você primeiro terá de entender as regras da existência pleiadiana. Se parecer estranho, a princípio, apenas me acompanhe. Tenho certeza de que você, também, começará a se lembrar enquanto caminha comigo. Então parecerá como a coisa mais natural.

O sentimento mais generalizado neste lugar agora é a capacidade incrível da mansão. Eu começo a me sentir envergonhada já que não a ocupei por tanto tempo, mas então me lembro de que teve um motivo para isso. A casa não está em situação pior por minha ausência; nada se deteriorou. Ela ainda tem todo o potencial que sempre teve.

De fora, ela parece ser construída de tijolo sólido e tem três andares. Mas, observando cuidadosamente de lado, vejo que tem na verdade quatro. Essa é a única parte do mistério desse lugar. A mobília está bem preservada; as paredes, os pisos e as escadas estão intocadas pelo tempo.

Quando morei aqui pela última vez, eu frequentava uma maravilhosa escola de sabedoria – uma escola onde se ensinam os mistérios da Mãe Sagrada. Barbara Hand Clow e muitos outros estudaram lá comigo, mas não lembro quais eram nossos nomes na ocasião. Depois de completarmos nossa iniciação, nós resolvemos deixar nosso lar aqui e entrar em forma no lindo, mas problemático, planeta, o terceiro a partir do grande Sol conhecido como Hélios.[4]

Fazer a transição para a materialidade me fez esquecer muitos caminhos que percorremos e nos quais pensamos aqui, mas nós sabíamos que isso aconteceria, e diversos arranjos foram feitos para nos auxiliarem antes de partirmos. Eu os explicarei enquanto percorremos esses antigos corredores. Nessa decisão momentânea que tomamos depois da nossa iniciação, entendemos que apesar das limitações que teríamos em corpos humanos, apesar dos perigos desconhecidos que enfrentaríamos, nós estaríamos criando uma nova e preciosíssima habitação onde o Sagrado caminharia, de fato, no jardim das delícias planejado para toda a eternidade. E então nós alegremente encarnamos. Mas agora retornei às Plêiades, e minha vida no planeta turquesa que chamamos de Terra é algo que contarei daqui a pouco.

Então nós começamos o passeio nessa casa maravilhosa. Existem presenças dentro dela, embora não estejam aparentes a princípio. Para entender a natureza pacífica e gentil da pátria pleiadiana, é necessário perceber que há um clima generalizado

---

4. Hélios é a personificação do Sol na mitologia grega.

de unidade. Depois de passarmos pelas muitas iniciações e termos chegado ao estado de consciência que destrói todos os véus entre realidades, fica claro que há apenas o Uno.

Assim a manifestação da pluralidade se torna um estilo de vida divertido e as possibilidades não têm fim. Apenas um vislumbre de uma necessidade ou desejo percebidos cria o "outro" ou "outros" para preenchê-la. Esse não é um truque ou uma invocação de criaturas parecidas com zumbis para nos servir. É só uma centelha mútua de reconhecimento de que "chegou a hora" – mas não a hora como a entendemos em forma. Nós conhecemos os outros e eles nos conhecem. Há simplesmente um fluxo do Uno e do Todo na experiência aqui, assim que transcendemos a consciência terrena.

Aqui o ritmo natural é pautado pelo respeito e pela privacidade. Não cogitaríamos perturbar o descanso ou o trabalho de outra pessoa até certa centelha saltar entre nós. Claro que isso é apenas uma linguagem inadequada para falar de coisas muito difíceis de serem descritas.

Ao nos aproximarmos da entrada, há uma mudança gradual dos arredores externos expansivos para os internos. Uma região fronteiriça viçosa de um espaço aberto verde com caminhos encantadores de maravilhosas e sinuosas árvores antigas, flores e seixos que nos levam ao interior sem quaisquer divisões pronunciadas de espaço. Nada nessa casa é excessivo, ainda que ela seja enorme. Cada sala é totalmente funcional para seu propósito e todo o espaço tem um projeto encantador.

Quando entramos por um pequeno vestíbulo, vemos à nossa esquerda um grande átrio de vidro. No centro fica a eterna Fonte de Água Viva. Em volta dela, de costas para a fonte e as mãos estendidas, ficam 13 deusas, presentes em forma holográfica. Elas não estão presentes fisicamente aqui, mas podem tocar e serem tocadas. Esses são seres que estão atualmente encarnados em outro lugar, mas mantêm uma presença constante e consciente aqui, cercando a fonte. Elas distribuem graça e misericórdia, e emprestam sua essência para o Planeta Mãe Terra e suas criaturas. Na Terra, às vezes, elas são conhecidas como *boddhisatvas* – seres (*sattva*) iluminados (*bodhi*) motivados por uma grande compaixão.

Seus nomes não podem ser revelados, pois elas entram nesse lugar e saem dele ao perceberem a necessidade e seu próprio desejo. Há sempre uma para tomar o lugar da outra. Eu mesma tive um turno aqui e talvez resolva servir de novo. Nós sempre saudamos essas presenças ao entrarmos na casa, sabendo que estamos entrando em sua essência de descanso e revitalização, mantida viva por sua calorosa energia do coração.

À direita do vestíbulo, há uma estrutura de pedra cortada à mão, semelhante ao átrio. Parece antiga e infinita, e em seu centro há uma forja com uma chama eterna. Grandes janelas talhadas na pedra estão abertas ao ar e à luz, para que a fuligem não danifique as velhas paredes de pedra. Ao redor dessas paredes estão penduradas imponentes espadas forjadas a mão. São 12 ao todo. Seu peso e o esplendor de sua arte deixam claro que nenhuma mão humana poderia segurá-las. Elas, também, mudam e trocam de lugar quando seus donos, em forma na Terra no momento, deixam-nas aqui enquanto estão em suas missões. Como elas vieram parar aqui é um mistério que será explicado a seguir.

A força e o poder de cada espada são mantidos aqui como um talismã de força e um receptáculo da honra, para o deus que usou a forja sagrada e a bigorna para moldá-la pessoalmente antes de colocá-la aqui. Agora ele está usando sua forma física como uma versão menor desse instrumento, desse plano, dessa palavra de que falaremos, o músculo e a intenção que o mantêm relacionado com a arma maior que ainda é dele, ainda disponível para sua mão. Nós sempre nos curvamos a essas presenças ao deixarmos a casa, sabendo que sua veemente inspiração acompanha a todos e ativa nossa energia cerebral.

O vestíbulo em si é pequeno, escuro e intrigante. No início é difícil compreender seu formato e propósito, mas é o portal para todas as salas da casa em todos os andares.

Logo atrás fica a Sala de Reuniões – não é enorme, mas importante. No meio dessa câmara há um vórtice vivo, a Espiral Azul. Sua fonte de cima não pode ser determinada, pois se perde no extravasamento de luz que sai do teto transparente. Ela não precisa de abertura, pois rompe o teto como um raio *laser*. Isso é energia pura – a energia do futuro, enquanto ela se conecta e se mistura ao passado.

O passado não é a história passada, assim como costuma ser entendido, mas nossas raízes. Daqui nas Plêiades a Espiral embrenha-se profundamente nas fundações da Terra e encontra sua conexão só com o que passou pelos fogos alquímicos da Grande Formação para tornar-se eterno. O eterno é uno – passado, presente e futuro –, e atrai para si tudo o que *é* e tudo que *vive*. Origina-se em campos irreconhecíveis de luz e atinge as profundezas mais ocultas da realidade.

O detrito que conhecemos como "passado" não é uma realidade; é varrido como grama seca dos campos, para nunca ser lembrado. Todos os futuros possíveis são destilados a partir das formas materiais liberadas por essa transmissão e abandono. Enquanto a Espiral gira, essência pura é liberada no cosmos expansivo. Nossa própria transformação é central a esse processo.

A Sala de Reuniões não recebe esse nome pelos grupos de seres que se encontram aqui, mas por ser o lugar onde reunimos o fruto da nossa experiência humana e o apresentamos à Espiral. Nós não sentimos a direção nas Plêiades, mas essa sala respeita os seis pontos cardeais da Terra – norte, sul, leste, oeste, acima e abaixo – e os inclui na experiência mais ampla do Todo.[5]

O processo de reunião que acontece merece uma explicação especial, pois é chave para todos os seus trabalhos térreos e todo tipo de experiência. A Espiral é um vórtice que revela a quinta dimensão e outras além. Ela retém toda a experiência tetradimensional da Terra e apenas nessa experiência encapsulada, que é o momento presente, é possível entrar em comunhão com seres e lugares distantes. Os iniciados vêm aqui depois de passar pela sala de espera e saudar as presenças imortais das deusas. Eles são preparados, então, com música e histórias para entrar na energia da Espiral Azul. Essa energia pode ser peculiar às Plêiades. Esta escriba não tem conhecimento do universo mais amplo, mas ela sabe (pois foi preparada e instruída por professores de sabedoria de muitas galáxias) que a energia da Espiral Azul faz parte de um sistema de energia muito maior que flui pela membrana indivisa de todo o universo. Esta escriba vivencia a totalidade como o Corpo Vivo do Cristo Cósmico – aquele aspecto de Deus que está presente em

---

5. Para saber mais sobre os pontos cardeais, visite <https://sites.google.com/site/colorsofthefourdirections/lakota>. As pessoas mais tradicionais acrescentam dois outros pontos: o azul do Grande Espírito, o Avô Céu, e o verde da Mulher Divina, a Avó Terra. Há ainda um sétimo ponto, o interno, o mais sagrado de todos.

toda a criação. Outros seres podem nomeá-lo de outra forma, mas é uma expressão consciente geradora eterna e pulsante de amor/sabedoria que anima toda a vida em todos os lugares.

Na Sala de Reuniões, os iniciados respeitam os seis pontos cardeais que conheceram na Terra, juntando momentaneamente todas as expressões de cada um na consciência e renovando seus laços com eles. Então, depois de absorver e aceitar toda a experiência em si, eles se posicionam, um por vez, no centro da Espiral, entregando-se e tudo o que os tocou na Terra à vida maior no Eterno. Essa é uma forma de comunhão, uma participação sagrada no grande metabolismo da vida.

Depois que a alma participou conscientemente dessa cerimônia, ela está conectada para sempre com o Cristo e recebe seu "corpo diamantino". O corpo mais denso se desprendeu; aquela matéria mais pesada, que não poderíamos deixar de reunir enquanto estávamos naqueles primeiros corpos, foi liberada para ser transformada em luz. O ouro precioso da experiência terrena é recebido para sempre na divindade. Isso sempre foi o Grande Plano. Toda forma material é transformada nas nossas vidas e por meio delas. Então, cada um de nós encarna uma forma mais sutil que consegue viver com menos limitação e maior consciência. Aquele que agora é capaz de lhe apresentar essas salas, essa mansão, consegue fazer isso por ter participado da cerimônia e entregado o corpo mais velho e denso para viver no novo, um pouco mais sutil. Essa também é sua herança.

Nós deixaremos a casa por ora, parando para reverenciar as presenças dos deuses no saguão de pedra, enquanto seguimos em frente para continuar a construir a Terra. Nós retornaremos aqui às Plêiades muito em breve, pois ainda há muitas outras salas para ver e lições para aprender em cada uma delas.

Capítulo 2

Criança Terrena

Há muito, muito tempo, fui uma criança em uma realidade bem terrena. Eu aproveitei o amor e a hospitalidade que todos os jovens seres deveriam conhecer de um grupo carinhoso de avós. Minha consciência localizava-se, como costuma ser na forma material, em um lugar chamado West Philadelphia. Era uma parte bem comum de uma cidade muito grande durante a Grande Depressão, e os adultos daquele lugar sofriam demais.

Mas, em um pontinho dentro daquele ambiente maior, nós, crianças, encontramos o portal que nos manteve conectados com nosso lar pleiadiano. Ele parecia ser o que era chamado de "vestíbulo", um nome arcaico para uma minúscula antessala fechada na entrada da casa. Foi lá que passei por meu primeiro nível de iniciação enquanto estava encarnada. Foi o andar de entrada ao mundo do faz de conta. Nós, crianças, sonhávamos cenários infinitos lá. Às vezes, era uma mercearia aonde iríamos e trocaríamos nosso dinheiro de papel, feito em casa, por imagens de comida e outros produtos cortados de revistas. Nós poderíamos comprar tudo o que quiséssemos naquele local.

Às vezes era um foguete que se preparava para decolar, e nós tremíamos de ansiedade. Em outros momentos, sim, nós descobríamos alguns dos segredos das diferenças de gêneros quando brincávamos de médico lá. No escuro, quando fechávamos a porta, ou de dia, quando a deixávamos aberta, nossas imaginações ficavam livres para voar. Muitas crianças, sem dúvida, conseguem os mesmos resultados quando cobrem as cadeiras da sala de jantar com cobertores para criar um forte. Períodos curtos de reclusão voluntária, quando equilibrada com outros tipos de brincadeira e atividade, parecem gerar criatividade.

Nós nem suspeitávamos de que tínhamos topado com a sala de entrada da casa nas Plêiades! Mas nossa imaginação criativa estava aguçada para nosso trabalho de construir a Terra, para o qual fomos enviados. Nós estávamos aprendendo a usar a imaginação para formar imagens ou conceitos mentais além dos sentidos, o que pode ajudar a resolver dificuldades. Esse é o tesouro mais precioso que podemos ganhar – a habilidade de cocriar com o poder de Deus.

Quando adultos, a demanda por reclusão para moldar e amadurecer nossa imaginação criativa traduz-se na necessidade de reflexão, meditação e contemplação em tempos variados e de acordo com as exigências da alma encarnada. Enquanto praticamos a disciplina do silêncio e da solitude, sempre em equilíbrio com outras atividades de trabalho, estudo e diversão, nós afiamos a engrenagem da força mais poderosa que os terráqueos conhecem – a imaginação criativa. Esse lugar para onde vamos é o portal para o além. Quando nós respeitamos o espaço pelo tempo suficiente, ele começará a revelar seus segredos, e a nos apresentar formas de saber e ser que têm a capacidade de construir uma Terra mais nova e verde, aquela à qual fomos enviados para cuidar.

O espaço fechado não é apenas o receptáculo do sagrado, é também o caldeirão no qual a essência da vida material fervilha e cozinha até atingir sua capacidade completa para a alegria. Dentro dele, as aparências muitas vezes parecem viradas do avesso, de modo que começamos a ver o plano do Criador brilhando pelas moléculas da biologia e da geologia que dançam com o Divino. Esse tipo de brincadeira de adulto, introduzida pela primeira vez na infância e conhecida na psicologia junguiana como "brincadeira profunda", refere-se ao trabalho interior feito pela imaginação e pela amplificação do material mitológico e arquetípico. Quando nós fomos abençoados para ver a verdade, começamos a usar a imaginação para construir aquilo que sabemos ser possível. Nós retornamos a nossas raízes na eternidade.

Capítulo 3

A Experiência Pleiadiana

Sabendo que todas as imagens fazem parte do holismo divino que é a vida, não será surpresa para você agora ver que o vestíbulo na casa nas Plêiades não é feito de tijolo, pedra ou vidro, mas de material orgânico, desenvolvido a partir das raízes na Fonte. É o caule de uma gloriosa e viva rosa branca. Por isso não se pode chegar à casa de "fora" da unidade orgânica. Ela simplesmente *existe*, e todos que passam a conhecê-la conhecem-na de dentro, por meio daquele "vestíbulo" ou portal que encontram dentro de si.

Enquanto continuamos a explorar o primeiro andar, começamos a notar uma suave inclinação no piso. Ao subirmos para andares mais elevados, a inclinação para o centro se tornará mais evidente. Essa é, de fato, uma casa multidimensional.

Há uma biblioteca aqui com um segredo magnífico. Ela contém comparativamente poucos volumes, quando se considera a literatura de todas as eras. Só que os escritos conhecidos estão além da compreensão! No entanto, a sabedoria de todas as eras está aqui, se você souber como desenterrá-la. Falarei mais sobre isso enquanto caminhamos pela casa.

Esse pequeno arquivo tem mais do que livros, que preenchem suas prateleiras e recantos convidativos. Há imagens cobrindo suas paredes, uma se relacionando com a seguinte em um mostruário agradável. Algumas são imagens plácidas, calmas, outras são enigmáticas e/ou perturbadoras, mas nenhuma delas retrata o Santo. Nenhuma foto ou grandes obras de arte fingem ser a captura final da realidade sagrada. A maior parte da arte apenas retrata a vida no seu fluxo, como acontece em toda sua expressão.

Essas muitas expressões da face da realidade, talhadas por pincel ou caneta, foram doadas a essa sala por iniciados que passaram pela Espiral Azul, os quais estavam dispostos a emprestar seu talento e consciência ao todo. Usando seus dons para o bem de todos, eles permitiram que essas extensões preciosas de sua humanidade fossem trazidas a este lugar fora do tempo. Aqui eles são gloriosos em sua forma transformada e eterna. Aqui são mantidos como se estivessem em uma galeria que registrará para sempre a passagem da Terra por meio dessa viagem épica na materialidade. Aqueles que virão aqui e estudarão as grandes obras, as grandes estampas em que os artistas da Terra trabalharam, serão enriquecidos desmedidamente. Isso ajudará os futuros exploradores a analisar os fios e os modelos de toda a vida cósmica.

Cadeiras macias e confortáveis estão disponíveis em todo canto para aqueles que quiserem se sentar e observar, ler ou apenas contemplar. Mesas de madeira quadradas com cadeiras de encosto duro são colocadas para aqueles que desejarem escrever, estudar ou só desenhar.

Há uma dentre todas essas cadeiras com poderes incríveis. Não a descreverei, porque, se você visitar a casa, deve ser levado para essa cadeira por um guia interior ou pela intuição. Ela pode ser encontrada apenas por aquele que estiver pronto e, nesse caso, a cadeira também procura por essa pessoa. Ainda assim parecerá somente uma insignificante peça de mobília se você se sentar por acaso nela.

Essa cadeira é conhecida misticamente por todas as culturas, mas, na tradição cabalista, é chamada de *merkavah*.[6] Esse é o principal motivo para essa biblioteca não precisar de uma grande quantidade de livros. Ela retém todas as verdades apresentadas a todos os mundos por meio de sua conexão com a *merkavah*. Essa é a famosa Carruagem Voadora que pode transportar um passageiro pelo tempo e pelo espaço. Essa cadeira pode levá-lo à grande biblioteca da antiga Alexandria, aos corredores dos Registros Akáshicos,[7] bem como às fontes de sabedoria, do passado e do futuro.

Esse é o único segredo que não lhe revelarei neste relato. É um segredo que pode ser descoberto apenas ao longo do caminho único e próprio da pessoa. Ninguém pode ensiná-lo a outrem, porque o ensinamento é a busca em si. É na nossa singularidade que encontramos a entrada para nossa unidade. A busca só não fracassa com uma aceitação completa de seu próprio propósito e poder. Deixe que só essa pista seja dada, pois, se você puder ler estas palavras e as seguintes, poderá encontrar o caminho para sua própria máquina do tempo.

---

6. Também conhecida como *merkarbah*. Alguns textos do misticismo judaico antigo, c. 100 a.C.-1.000 d.C., apresentavam histórias de ascensões a palácios celestiais e ao trono de Deus. O *Maaseh Merkabah* foi um texto importante nessa tradição.
7. Os Registros Akáshicos (de *akasha*, palavra em sânscrito para céu, espaço ou éter) são um compêndio de conhecimento místico que se acredita ter sido decodificado em um plano de existência não físico conhecido como o "plano astral".

A cozinha nos chama com aromas familiares e estranhos. Esse é o cômodo mais difícil de harmonizar com o resto dos arredores elegantes e serenos. Mas devemos nos lembrar de que não estamos mais no Kansas (ou Katmandu). Esse cômodo incrível é, na verdade, um laboratório no qual os experimentos estão sempre "cozinhando".

Aqui a Cinderela fica ao lado da lareira limpando as cinzas frias, participando de um drama que pode levar à sua felicidade futura. Ela está apostando que, seguindo seu caminho único, descobrirá um parceiro para seu coração. Ela deixou outro lugar nos céus estrelados para vir aqui, seguindo seu sonho.

O Irmão Lawrence[8] mexe em silêncio sua sopa e gasta seu espírito generoso alimentando seus companheiros, enquanto pratica a presença de Deus. Ele se concentra no segredo que aprendeu para ensiná-lo aos outros que ainda não entendem sua própria divindade. Ele entende que apenas o momento presente é real.

Jesus e alguns de seus amigos estão sentados em uma mesa desbastada, comendo muito com as mãos sujas e rindo de algum divertimento privado. Eles gostam desse lugar, onde há sempre uma recepção calorosa e um local para descansar um pouco.

Suspenso sobre uma imensa lareira de pedra, no centro da sala, há um grande caldeirão preto. O fogo é alimentado por um jovem que é supervisionado por uma bruxa. Uma olhada

---

8. Acreditava-se que o Irmão Lawrence da Ressurreição (c. 1614-1691), um irmão leigo que trabalhava na cozinha de um monastério carmelita francês, tivesse uma relação íntima com Deus. Isso é descrito em um texto compilado depois de sua morte, *The Practice of the Presence of God* (Merchant Books).

nela e você perceberá que está em um laboratório sério que ajuda a mover os corpos celestes. Você sabe com certeza que, se quiser, ela pode atirá-lo em seu caldeirão e dissolvê-lo no caldo borbulhante. Ou ela pode, tão facilmente quanto isso, abençoá-lo com três gotas de sua poção na sua língua e torná-lo imortal em um pestanejar de olhos. Poucos retornam lá quando conhecem Ceridwen,[9] mas, para os corajosos, a busca verdadeira pode começar nesse lugar.

Talvez você corra o risco de entrar nessa cozinha comigo depois. Demorou muitos anos da minha vida na Terra para eu conseguir e ser autorizada a entrar na rica cozinha de Ceridwen, e você encontrará seu caminho para lá quando for melhor. Por ora, pode parecer mais seguro e fácil começar subindo as escadas ao segundo andar da mansão, como eu mesma fiz nos meus anos de aprendiz.

A linda escada em caracol é bem larga e feita de ébano encerado. Fiquei intrigada por seu ar de mistério e fui diretamente aos cômodos superiores, antes de voltar a explorar o andar de baixo. Cada um faz como for melhor para si. No entanto, há lugares, como a *merkavah* na biblioteca embaixo, que só serão descobertos por todo o nosso passeio quando despertarmos para a verdade eterna dessa casa: ela é nossa.

Então comecei, como muitos fazem, examinando o que parecia ser uma fantástica e graciosa mansão. No segundo andar, a inclinação do piso em cada sala é um pouco mais pronunciada e, embora perceptível, é fácil de ignorar, porque é desconcertante ao equilíbrio que conhecemos na Terra. Nós

---
9. Segundo uma lenda medieval galesa, a deusa celta Ceridwen engoliu seu servo, Gwion Bach, que então renasceu por meio dela como o poeta Taliesin. Na tradição wicca, ela é conhecida como a deusa do renascimento, da transformação e da inspiração.

deixamos, a princípio, de fazer as perguntas que revelariam mais do que estamos prontos para saber.

Ao longo do nada reto corredor há muitas, muitas salas, cada uma com uma paleta de cores e estilo única, mas todas mobiliadas com conforto para os convidados, que ficam pelo tempo que assim desejarem. Essas salas têm um encantamento especial que o aspirante inexperiente acha atrativo. A influência do encanto se torna mais pronunciada em cada sala.

Alguns aspirantes não têm uma ideia consciente do porquê eles vieram. Outros, assim como eu, possuem uma fome profunda e urgente, e sentem-se mais em casa a cada passo. Mas cada um de nós encontra, enquanto rondamos e olhamos para cada sala, aquela que nos atrai mais. Assim como a personagem Cachinhos Dourados, encontrei aquela que mais me "servia" e, instantaneamente, caí na cama convidativa e em sono profundo.

A casa sabe como acolher cada aspirante e nos levar ao lugar onde precisamos estar. Eu necessitava de descanso e reclusão para minha verdadeira essência começar a amadurecer e ficar mais forte. Depois entendi o que acontece nesse andar e explicarei agora, no caso de você estar lá.

Este é o Salão dos Iniciados, aqui todos os iniciantes na busca começam sua "formação". A rosa branca que é a casa os cativou, como um amante cativa o amado em uma rede de deleite. A fragrância irresistível que nós seguimos por instinto é a primeira memória da pátria, e é certo seguir seu odor e sermos atraídos para o grande sonho.

Esses sonhadores, embora sejam somente aprendizes a princípio, são o futuro de todo o universo. Apenas em seu sonho, depois de ter deixado de lado por um momento todos os planos febris e se esforçado, eles se tornam cidadãos da nova Terra, enquanto ela toma seu lugar de direito no todo. Ela não mais será um planeta isolado e silencioso no vazio solitário, mas uma parte vital da troca que acontece entre os mundos.

Apenas nesse lugar de sonho nós aprendemos essa conexão, e começamos a conhecer nosso papel como cocriadores na teia da vida e do amor. Viemos aqui para nossa iniciação por meio do caule da rosa que é plantada na Terra, e remonta à nossa mansão nas Plêiades e além. Faz parte da evolução natural dos terráqueos em seres divinos, manifestações do ser Uno.

Sem contar o tempo em que dormi, enquanto estava na Terra eu tive a rotina ocupada de uma esposa de militar e mãe de seis filhos. Cada uma das minhas experiências como mulher foi um capítulo no sonho acontecendo em outro lugar. Cozinhei, limpei a casa, fiz compras, lavei roupa, cumpri meus compromissos, estudei, li, me vesti e me enfeitei, amei e aprendi, eduquei meus pequenos, orei e cultuei, liderei estudos das escrituras, e escrevi minhas teorias emergentes em incontáveis revistas e cartas aos amigos, tudo isso se desenvolvendo em seu próprio caminho na Sala dos Iniciados.

Eu entrei não apenas nos vibrantes caule e pétalas da vida nova, mas também da vida real e eterna que faria da minha experiência terrena algo que toda a teia da vida poderia conhecer por mim. Estava ciente de tudo aquilo enquanto me ocupava com incontáveis tarefas e responsabilidades na Terra, e tinha meu encantado e abençoado sono nas Plêiades? Claro que não. Assim como todo mundo, aprendi somente com a jornada. Em certo momento, tive de voltar e visitar todos os andares da mansão, tanto aqueles que pulei como aqueles que nem comecei a imaginar que existissem.

Como minha história não pode ser contada de uma forma linear, contarei sobre minha visita ao terceiro andar a seguir, embora nós tenhamos de revisitá-lo no seu devido tempo. Isso é o que me aconteceu quando acordei do meu descanso no segundo nível e comecei a subir.

A partir do segundo andar, a escada se estreita cada vez mais e não há corrimão, só paredes para apoiar. Não é assustadora no sentido usual, mas há uma impressão de isolamento. Fica evidente que esses degraus não são muito usados e dão uma sensação de entrar em um território estranho. Apenas o tolo ou a criança segue em frente, sentindo a atração de algo ou alguém que deve ser descoberto. Parece mais importante do que qualquer outra coisa.

Não é tão óbvio assim que esse espaço liminar fique "entre os mundos". Não é um território totalmente desconhecido, nem é hostil, mas não é mais familiar. Comecei a perder um senso de identidade definido; novos pensamentos começaram a me invadir, os quais entraram espontaneamente, mas tinham um elo de eternidade sobre eles que me fez senti-los de forma mais sólida do que meus modos de pensar anteriores.

Alguns desses pensamentos começaram a parecer memórias, e eu sabia que já tinha estado neste lugar. *Sou agora uma das pessoas no segundo andar sonhando que estou desperta e subindo essas escadas? Estou na verdade sonhando estar em um andar mais alto? O que sou – a sonhadora ou aquela que galga os degraus? Quem está me atraindo a esse lugar mais alto?*

À medida que eu me aproximava do terceiro andar, ficou cada vez mais difícil pensar nessas questões ou, até mesmo, pensar nos mesmos conceitos de antes. Eu parecia estar perdendo o fio da meada do que parecia ser com certeza uma realidade na Terra. A essência perfumada ficou mais forte e começou a ser a única realidade. As paredes não mais guiavam minhas mãos, pois elas desapareceram e não eram mais necessárias. As perguntas pareciam se dissolver antes de serem totalmente proferidas, e a atmosfera estava impregnada de paz.

O Grande Corredor agora aparecia no topo e a escada terminava ali. Ele parecia estar no último andar dessa velha casa. No Grande Corredor prevalece o silêncio, mas há uma sensação vibrante de participação ativa em algo muito vivo. É como se presenças invisíveis mantivessem algum tipo de zumbido de máquina, algum tipo de florescimento no jardim, algum tipo de celebração viva com dança e cor. No meu corpo ainda terreno, ainda que já tenha sido modificado, eu poderia perceber mundos nascendo, mentes crepitando de criatividade, corações arrebentando de amor redentor, amantes explodindo na satisfação da união, crianças pulando, mulheres voando alto, homens rindo com alegria, insetos zunindo e se reunindo, aves voando, nadando e fazendo ninhos, grandes e pequenos animais banhando-se ao Sol, brincando e esticando seus músculos, crocos buscando a luz, lírios trombeteando seu deleite e as folhas mortas da terra caindo, indo parar dentro de seu abraço, oferecendo-se para a transformação enquanto se tornam carvão e depois diamante, resplandecendo para sempre.

Tudo isso descobri e senti, ainda que tudo estivesse em silêncio e sem tensão ou nenhum tipo de ação. Como isso poderia acontecer? Qual é o segredo desse lugar que encontrei por acaso? Essa casa, que achei que fosse minha, se tornou nossa. É claro que sempre foi, mas voltei para minha casa nas Plêiades agora e consegui me lembrar disso. Todo o cosmo vive nessa casa nas Plêiades comigo e com você. Eu/nós não necessitamos mover qualquer uma das suas partes; precisamos apenas sermos um e muitos, enquanto somos movidos pelo Grande Todo.

Eu andei pelo Grande Corredor, passei por muitas portas, todas entreabertas. Do lado de fora de cada porta há um espelho de corpo inteiro, e olhei em cada um deles, sem entrar por nenhuma das portas. Em cada espelho vi outra faceta de mim. Eu passei por cada uma das portas, indo até o fim do corredor, vendo por sua vez um palhaço malabarista, uma criança pequena, uma vaqueira de rabo de cavalo, um carrasco de máscara preta, um açougueiro separando um monte de carne, um taxista curvado sobre o volante, um salgueiro curvado como se me saudasse, uma mãe em um deserto estendendo uma mão ossuda, pedindo pão para seu filho emaciado, um cometa viajando pelo espaço, um médico de pronto-socorro quase desvairado, um adolescente usando um traje da Idade Média, dedilhando carinhosamente um violino, e um grande salmão rompendo a superfície da água para me encarar.

Examinei os dois lados do corredor enquanto caminhava, olhando e questionando. Então voltei à minha posição no topo da escada, passando por cada porta de novo. Todos os rostos mudaram agora! Um filhote de búfalo branco se transformou, enquanto eu observava, em uma linda mulher nativo

-americana.¹⁰ Um jovem tímido se transformou em um lama tibetano diante dos meus olhos e uma antiga árvore virou o eixo central de um grande mundo em um piscar de olhos. Um dos espelhos tinha uma inscrição em runas antigas – um alfabeto que roubou meu coração e quase tirou meu fôlego. Eu sabia que naquele cômodo jazia o bardo Taliesin e, se desse só uma olhada para dentro, iria até ele e me deitaria em seus braços para sempre. A atração era tão doce e o desejo tão avassalador, que tive de me forçar a seguir em frente, enviando meu amor para adoçar seus sonhos. Por ele e por mim, eu precisava continuar andando agora.

Cada porta e cada espelho revelavam uma presença viva memorável que precisava ser reconhecida e agradecida. Percebi que, dormindo por trás dessas portas, estavam todos os mestres, em trajes simples e pobres – o poeta Jalaluddin Rumi, Mahatma Ghandi e Madre Teresa, ministra dos pobres, vestidos com túnicas e sandálias; Joana D'Arc, o místico sufista Rābi'ah al-Baṣrī do Irã e o Irmão Francisco de Assis, santo padroeiro dos animais; ou trajados em vestes refinadas e joias, como a mulher Shulamite, da *Canção das Canções,* e o Rei Davi. Por amor ou curiosidade, eu poderia facilmente ter entrado para ficar com qualquer um deles. Mas nenhum é o Grande Todo e resisti à vontade de descansar ali.

Todos estão dando vida ao universo e mantendo seu ritmo em seus sonhos. Este é o fluxo profundo de atividade que sinto e pulsa por toda a casa. Seus sonhos são filtrados para os iniciados adormecidos embaixo, e encontram nichos em cada um onde eles podem crescer como sementes e encontrar solo fértil. Os iniciados realmente identificam seus quartos certos

---
10. A lendária Mulher Búfalo Branco é a principal profeta sagrada da religião Lakota.

que se alinham com a sala acima, para pegar a semente, junto à sua inspiração para o crescimento. Cada um encontra correspondência em almas afins, e toda a Terra e todos os mundos são fertilizados por esse processo.

Tive dois motivos para não entrar nesses cômodos, torcendo suas pétalas na direção do centro mais intencionalmente. Primeiro, eu não tinha o direito de interromper nenhuma dessas interações tão profundas e essenciais. Segundo, ainda não tinha ascensionado ao meu e ao seu Deus, para que eu recebesse minha própria função e lugar nessa grande alquimia. Não me atrevi a parar em nenhuma porta, até que aquela que seria a minha fosse aberta para mim. Quando cheguei à escada de novo, não encontrando outro lugar para ir, fiquei surpresa em encontrar uma alcova fechada que não tinha percebido logo no topo da escada. Ela se abriu devagar e revelou um casal idoso. Ele usava um longo robe branco bordado com romãs e com as bordas enfeitadas com pequenos guizos. Ela também usava um longo robe branco, mas aberto na frente, sobre uma camisola com a cor rósea da aurora. Na mão esquerda dela estava um anel de casamento, simples, mas lindo. Era da filigrana de prata mais delicada e tinha uma inscrição simples: "apenas Deus". Eu a li em inglês, sabendo que era o selo de seu contrato de casamento com o Santo. Perguntei-me se todos os aspirantes conseguiriam lê-la em seu próprio idioma.

Isso me fez olhar para a mão esquerda *dele*, onde vi um lindo anel artesanal, com um pequeno botão de rosa branca no centro. Na sua mão direita havia um anel com um sinete, cujo selo eu não conseguia decifrar, por causa da luz ofuscante que emanava. Esses dois são os guardiões da Arca, e a presença nela, que confundi com uma simples alcova na parede. Em um clarão repentino, associado com o amor mais terno, eles abrem asas imensas, que eu ainda não tinha visto até então. Eles me acolheram em seu abraço e desapareci com ambos na Arca para me tornar algo novo. Não consigo dizer agora quanto tempo dormi em seu abraço. A luminosidade da Arca da Aliança[11] consumiu e aumentou minha consciência individual ao mesmo tempo. Não há forma de falar da sequência, no sentido usual, pois aqui não há nem tempo nem espaço. Mas sei que, no giro da grande roda, houve movimento.

Eu nunca deixei a luz, essa casa ou o abraço deles. Mas acordei dentro dela, vivi e servi, adormeci de novo, sonhei e acordei novamente. E lembrei dos sonhos!

---

11. A Arca da Aliança é uma arca descrita no Livro do Êxodo, construída por ordem de Deus, de acordo com instruções transmitidas a Moisés no Monte Sinai. Os nômades hebraicos construíram uma tenda para abrigar a Arca e a carregaram consigo por todos os lugares que passavam, entendendo que Deus habitava em seu meio. Essa é uma primeira sugestão de encarnação – a presença de Deus em um recipiente material.

Capítulo 4

Memórias da Terra

Às vezes me lembro do encantador e gracioso planeta turquesa onde criamos o drama do Uno e de muitos. Esse mundo é de muita alegria, apesar da tendência que costumamos ter de criar negatividade e escuridão. Nós ainda não aprendemos a permanecer em forma e recordar nossa unicidade. A beleza natural da Terra supera até o sonho que a criou. Eu curvo minha cabeça em sinal de reverência e admiração por a terra ter permitido toda a extensão e profundidade desse terrível e meigo drama a ser representado sobre ela.

A Terra é um rico jardim de possibilidades, no qual os seres vivos podem vivenciar todas as crises e sensações que a forma material impõe à realidade. As muitas facetas do Uno estão sentindo e provando cada extremo das profundezas e das alturas da Terra, suas fossas oceânicas profundas, suas terras incultas dos desertos, os topos glaciais de suas montanhas e seus vales férteis. Elas experimentam a estrutura molecular do solo no qual rastejam, trabalham e reproduzem; desfrutam dos frutos desse trabalho em fartura; e sofrem suas secas. Elas conhecem a satisfação de uma barriga cheia, a agonia da prole faminta, o puro terror de ser a criatura que deve ser digerida por outra.

Ela concordou em ser a portadora e a provedora da vida, mesmo que a vida que a Terra carrega a deixe com cicatrizes, arranque seus olhos e a desfigure em sua cegueira imatura. Assim como animais jovens gananciosos, nós às vezes olhamos apenas para o que achamos que precisamos e não notamos a mãe que estamos usando como um objeto. Ela sabe que esse é o caminho da vida nova. A árvore mãe na floresta vive somente para cuidar, assim como a mãe humana esgota-se por seu filho. Ela espera levar os pequenos para a comunidade atenciosa, colaboradora e generosa da vida mais ampla, enquanto eles começam a entender a verdadeira simbiose da existência planetária.

A Terra deve sentir e testemunhar as tragédias não mitigadas, bem como a emoção contínua de celebrações de amor e de memória sempre novas. Nada, nem o menor movimento da ótima vida que ela tem, escapa à sua percepção. Ela continua a dizer: "Cumpra-se em mim segundo a tua palavra", pois é o Uno que ela gera em uma plenitude cada vez maior. É ela, a Terra, que detém o título, com grande honra, de Theotokos – a portadora de Deus.[12]

Com um coração e uma mente nós entendemos a brutal e belíssima tarefa solicitada a ela de gerar o que foi chamada "a condição humana". Seria melhor se fosse chamada "a condição material", pois toda a vida em forma compartilha o fardo e o potencial.

Um homem que lhe foi enviado entendeu bem o dilema apresentado a ela e a toda a matéria. Ele percebeu até sua própria culpa no resultado inflexível e devastador desse experimento em forma física. Tremendo naquele momento, com o

---

12. Theotokos é a palavra grega para portadora de Deus, um título concedido a Maria, mãe de Jesus, pela Igreja Católica, como reconhecimento porque ela carregou Deus na carne, quando deu à luz Jesus.

sangue escorrendo como suor de seus poros frente à apresentação desse cálice para sua aceitação a tempo, como ela aceitou na eternidade, ele pediu que o cálice, a experiência terrena, fosse pego de volta. Percebendo a totalidade do custo para cada um de nós, ele pediu para que o plano fosse abandonado, se fosse possível. Derrotado na experiência de nossa vulnerabilidade à dor física e emocional, ele quis devolver o cálice da nossa formação – o receptáculo de nossa mistura com a divindade, o Santo Graal de nossa totalidade em Deus.

Mas esse lugar, essa cavidade redonda do cálice da terra, é o caldeirão no qual a vida é incluída em uma vida maior. E ele curvou sua cabeça para esse conhecimento maior, apesar do momento de hesitação. E nós também, sabendo do custo, curvamo-nos à Terra e a todos os seus filhos, tanto corajosos quanto os gananciosos de todas as formas.

Durante meu tempo nessa esfera misteriosa, circulando Hélios, muitas vezes esqueci os ritmos, o abraço, o sopro do Todo. Mas nunca estive sozinha lá; nós nunca estamos sozinhos, lá ou em qualquer outro lugar. Muitos estavam e estão respirando todo o nosso ar, sentindo cada passo e batida do coração.

Nós peneiramos a areia nas praias da Terra com nossos dedos mortais, e o imortal Todo conhece por si só a sensação de maciez, do grão úmido e do ar marinho misturado com as moléculas. Os aromas inebriantes e os sons evocativos das ondas quebrando ruidosa ou suavemente se tornam realidade para o Criador desses mundos. Nós que assumimos a forma imergimos o genuíno espírito da vida, o Uno, a Fonte, na experiência da matéria.

Mesmo quando nós fornecemos voluntariamente esse conhecimento ao Todo, nós mesmos somos, muitas vezes, incapazes de vivenciar a unicidade original, pois assumir uma forma é muitas vezes se sentir exilado, em separação. Nós ansiamos e nos afligimos pela perda ainda não sofrida.

Mas os seres de luz auxiliam aqueles que estiverem em forma mortal, e os sensitivos entre nós conseguem detectar seus movimentos mais sutis. Nós podemos escolher nos tornar cada vez mais cientes dessas agitações de dentro e de fora. Por isso começamos a despertar, apesar da natureza densa da fisicalidade. Enquanto despertamos aos poucos, sua luz penetra mais fundo na nossa biologia determinada pela forma e lhe ensina um novo modo de existência. Até termos consciência dessa suave mistura, nós permanecemos barro, que ainda é inerte, ainda é resistente a consolidar uma vida nova.

Deus não transformou o barro em vida com um sopro em um jardim de eras passadas; em algum ponto nós percebemos que esse sopro de vida é contínuo. É um relacionamento entre Deus e a criação, tão íntimo que o sopro santo o supre em todos os momentos. As belas imagens nas escrituras de todas as religiões servem para nos ajudar a perceber nossa intimidade profunda com o Santo. É uma tendência contínua da vida plantada no jardim terreno.

A divindade está agora soprando vida e espírito em uma matéria física densa, soltando a densidade da estrutura que a manteria sem vida. Enquanto você e eu estamos em forma, a criação do cosmos continua. Nós mesmos estamos cocriando, com o Santo, uma nova criatura que ainda não imaginamos. À medida que o sopro sagrado penetra a matéria em que estamos agora, ele se torna mais leve, mais rico e profundamente fecundo. É outra maneira de imaginar uma gravidez na qual a própria Terra concebe o filho do espírito. É o casamento do espírito com a matéria que acontece por meio do intercurso da matéria receptiva com o Espírito Santo. A criança prometida a vir, o Emanuel da profecia, é essa criança gestando em nós enquanto despertamos e adotamos a luz.[13] A imagem de Maria grávida de Jesus serve para nos ensinar como Deus é concebido em carne humana. Estendendo isso para toda a criação, podemos ver que a profecia de Emanuel serve para nos levar ao sentido evolucionário do que é conceber Deus em carne como um planeta.

A evolução na Terra é um processo de soprar o Deus vivo em uma manifestação sempre nova, mais sutil e menos densa. Fora do tempo, no que foi chamado de "pleroma" – a integridade ou totalidade do ser divino –, Deus tem essa imagem maravilhosa da criação aperfeiçoada dentro da câmara interna de amor divino e de conhecimento. Nesse lugar que não é um lugar, mas um êxtase de ser, o experimento/relacionamento é completo e perfeito. Ele – nós – vive no leito conjugal daquele amor perfeito e êxtase com a divindade.

Isso é uma graça, um poder supremo, para o qual o Todo pode olhar e que foi chamado de "céu", pois, dentro da consciência desse estado abençoado da Visão Beatífica,[14] não há nada a ser adicionado ou desejado. Como somos um, em perfeita totalidade com o Todo, participamos cada vez

---
13. Emanuel ("Deus está conosco" em hebraico) é tanto um nome simbólico como uma profecia bíblica em Isaías 7:14 e Mateus 1:22-23.
14 . Na teologia cristã, a Visão Beatífica é a comunicação direta final de Deus a um indivíduo.

mais, até mesmo em forma, na felicidade e no êxtase dessa visão quando despertamos para nossa verdadeira "Identidade".

Nós recebemos uma imagem desse estado de perfeição, esse objeto do amor completo e contínuo de Deus que protege nossa humanidade e sua forma material. A imagem apresentada é da jovem judia de Nazaré, que foi escolhida por Deus para carregar o "primeiro de muitas irmãs e irmãos" da nova consciência. Isso é o que realmente foi anunciado por Gabriel, o anjo da encarnação e um frequente mensageiro direto de Deus, tanto na Bíblia como no Alcorão. No Evangelho de Lucas, Gabriel apareceu à Virgem Maria prenunciando o nascimento de Jesus.

Maria de Nazaré, uma mulher humana, é reconhecida pela Igreja Católica e por muitas igrejas cristãs como a "Mãe de Deus". Na Igreja Católica ela é chamada de "Imaculada Conceição". O que isso significa de fato para o futuro da raça humana? Significa que recebemos uma imagem – um retrato – para estudar até ficarmos maduros e despertos o bastante para ver que a Imaculada Conceição expressa uma conceição eterna, o resultado aperfeiçoado de toda a Terra. Não há outro nome que combine tão bem com esse padrão do amor de Deus pela criação. Ele expressa, tanto no microcosmo, que é Maria e Jesus, quanto no macrocosmo, que é todo o cosmos, uma gestação eterna realizada no próprio coração do Amor. A história de Maria nos revela que toda carne humana é sagrada e, de maneira misteriosa, supõe-se[15] até mesmo agora uma união com a divindade.

---

15. Segundo o dogma da Assunção da Igreja Católica, a Mãe Abençoada não morreu, mas foi recebida no céu de corpo e alma, para reinar lá como rainha do céu e da terra. Esse dogma reforça a antiga crença de que o corpo é sagrado e preparado para a imortalidade.

Quanto mais deixamos o espírito umidificar, fertilizar, penetrar e aliviar a rigidez do sentimento, do pensamento e das funções ativas da entidade que acreditamos ser, mais essa verdade surge no horizonte da nossa consciência. Nós somos feitos de fato de um barro muito denso, e alguém que tenta plantar em barro sabe que é difícil penetrar. É difícil cavar e encontrar espaço para uma semente nova, e brotos tenros têm dificuldade em se estender e espalhar para crescer. O barro precisa ser aerado, regado e misturado com materiais mais porosos. Então, nós temos o "bom solo" sobre o qual Jesus falou em sua famosa parábola das sementes. É bem incrível que sementes espirituais consigam crescer no barro parecido com cimento do corpo/mente terrenos.

Nós começamos a ver, aos poucos, se formos cultivados e fertilizados gentilmente, que esse plano da Imaculada Conceição – um plano idealizado na mente de Deus para todos nós – é o que todas as idades ansiaram como o céu. Não é preciso partir do planeta Terra para viver na felicidade e de acordo com essa visão abençoada. Muitos de nós, viajantes, entramos no leito conjugal sagrado e vimos, embora deva haver muito mais a desfrutar quando deixamos nossos corpos densos para trás e nos tornamos corpos de luz. A morte física não garante esse resultado feliz, nem a vida física impossibilita essa experiência.

Eu terei mais a dizer sobre a purificação necessária por qual cada alma passa para chegar a esse estado beatífico, mas que pode ser completada na Terra ou depois de a alma deixar o corpo. Por ora, devo retornar ao passeio da minha residência atual nas ilhas azuis das Plêiades.

Capítulo 5

Primeiro Despertar

Eu despertei devagar e me vi realmente dentro da Arca da Aliança, no recipiente sagrado onde Deus escolheu armar uma tenda e morar entre nós, dentro do abraço do casamento sagrado que cruza o nosso DNA com a divindade.

Suponho que é melhor eu fazer uma pausa e elaborar sobre minha escolha de palavras aqui. Como um (Deus ou criatura) "mora" em um casamento sagrado ou de qualquer outro tipo? E como a Arca da Aliança, sagrada a tantos povos do mundo, é um casamento?

Há muito tempo, nossos companheiros humanos que levavam uma vida desértica sabiam que seu Deus os acompanhava por onde eles fossem, e que morava em uma barraca especial, elaborada e construída para ele. De acordo com as histórias, às vezes a "glória do Senhor" poderia ser vista pairando sobre a moradia temporária na tenda propícia à existência nômade deles. Quando a nuvem de glória se dissipava, o povo sabia que era hora de seguir em frente. Portanto, Deus os conduzia à terra prometida, onde poderiam construir uma morada permanente para o Senhor.

O templo em Jerusalém era elaborado, mas servia ao mesmo propósito da tenda. Bem no fundo, no "santo dos santos", um lugar onde ninguém, além do sumo sacerdote, poderia pisar, sob circunstâncias ritualísticas especiais, Deus ainda morava com seu povo. Sabia-se que dentro da Arca, a Shekinah – a contraparte feminina de Javé – morou com ele em um abraço eterno.[16] Assim é como e onde a "presença santa" viveu entre o povo. Dois querubins dourados – símbolos externos do mistério interno – pairavam lá com as asas se tocando.

Isso é *apenas* uma história antiga? Ou é uma projeção de um lugar em nossa consciência onde o mistério santo ainda reside? É o mistério mais interno da nossa humanidade, o segredo que é muito bem guardado e protegido, o casamento eterno da divindade com a matéria, que é constantemente celebrado dentro de nós? Nós só imaginamos essas coisas? Ou a intuição de milhões de almas que caminharam pela Terra nos conta uma verdade que ainda não conhecemos? Somos mesmo os filhos do caso de amor de Deus com a matéria? E vivemos e nos movemos dentro desse abraço em cada momento, cientes ou não? O que parece ser corpos de barros terrenos separados são, na verdade, tendas de carne sem emendas que se movem conosco por onde vamos, contendo, revelando e ocultando o mistério do casamento sagrado em todos os momentos?

Eu relatarei, da melhor forma que puder, no difícil idioma da Terra (em cada língua), minha própria lembrança única desses momentos. No tempo e no espaço, nossas tentativas de comunicação são desajeitadas. Quando o coração fica finalmente liberto de todos os seus impedimentos, existe uma

---

16. Shekinah, em hebraico, é a versão feminina da antiga bênção de Deus. A palavra original significa "morada" e refere-se à morada da presença divina de Deus, principalmente no templo de Jerusalém.

linguagem mais verdadeira e rica que salta entre as almas, mas farei meu melhor para traduzir as coisas que aconteceram.

Uso a frase "minha própria lembrança única" porque nós do Uno não somos um grupo com uma mente coletiva, embora tenhamos uma conexão indestrutível no Todo. Somos tão diversos e únicos como seus pulmões são diferentes do cabelo que cresce na sua cabeça. Somos seres bem diferenciados, com dons e habilidades singulares. Mas somos Um. Diversidade e novidade são, na verdade, marcos do Santo. A eternidade é, na minha compreensão pessoal e única, uma felicidade da descoberta entre nós. Por causa da nossa singularidade total em uma unidade perfeita, cada um de nós pode achar o céu, ou a vida eterna, bem diferente, mas sempre harmonioso e gratificante por meio do Todo. Assim como nós cocriamos nossa experiência na forma, apresentando aquilo que somos capazes de imaginar com criatividade, a vida que vivenciamos como eterna também é cocriada a partir de nosso mais alto nível de imaginação criativa.

Quando entrei pela primeira vez na casa que descrevi como uma novata, aquela casa que depois percebi nunca ter deixado, subi diretamente as escadas sem parar para examinar os cômodos do primeiro andar. Eu não conseguia ver por que alguém faria isso de qualquer outra maneira! Fui atraída diretamente para o enredo da encantadora escada antiga, e senti uma necessidade profunda de subir e explorar. Até me maravilhei com a aparente facilidade da subida e como descobri rápido as maravilhas dentro dela. Eu estava na verdade perdida no drama e no *glamour* de ter tido minha presença autorizada nesse lugar santificado. Depois de, enfim, ter me visto bem-vinda no círculo de amor que era o abraço dos idosos, realmente acreditei que tinha entrado no estado final de união consciente com Deus. Eu ainda não poderia entender, em meu desejo ingênuo de conhecer Deus, que o amor que eu sentia ainda era um pré-amor ou, em outras palavras, um amor que servia mais a si do que ao amado. Tinha ainda um longo caminho a trilhar, e muitas lições a aprender.

O que me aconteceu naquele momento foi como uma experiência de quase morte, embora tenha sido um acontecimento estritamente psíquico. De dentro do cálido e amoroso casulo do amor do casal sagrado, mostraram-me que eu tinha de voltar ao mundo para aprender o que os demais planos tinham a me ensinar e, por fim, compartilhar minhas descobertas com os outros. Relutei em retornar ao desconhecido, mas não havia um pensamento de recusa; teria sido uma traição do meu coração imaculado. Segui em frente com meus bolsos cheios de tesouros para o resto da jornada.

Capítulo 6

Descida

Desci pelas escadas de novo, com cada passo parecendo mais pesado e mais ciente de meu próprio ser, um peso que não existia nos planos mais elevados. Lembrando intelectualmente, mas sem conseguir sentir mais a conexão, tentei moldar meus pensamentos, sentimentos e oração no modo com que achava que "deveria" me comportar. Quanto mais tentava recuperar a experiência ou controlar meus sentimentos, mais enredada eu ficava no "eu" reticulado e pesado.

    Esquecendo que eu tinha concordado em voltar por um motivo, e que multidões invisíveis me apoiavam, caí na ilusão de que poderia avaliar meu valor pelo desempenho do meu trabalho e/ou oração, coisas que não pareciam significar muito aos meus olhos. Comecei a acreditar na mentira de que eu estava separada de Deus e de todas as possibilidades que sonhei em me tornar. Com ainda mais dor, caí na letargia da crença de que eu mesma era responsável de alguma forma pela ruptura terrível. Tinha caído no erro de pensar que um eu separado poderia até respirar ou rezar sem a graça da conexão divina.

    Lembro-me de que o Uno chamado Jesus nos disse que nós éramos como ramos conectados à videira, e que toda a vida vem até nós por meio dela. Se fôssemos cortados, não teríamos vida. Para meu próprio bem, minha alma me permitia realizar a tentativa de "fazer sozinha", para que eu aprendesse a humildade e o prazer de fazer parte do fluxo divino da seiva que nos mantém todos vivos e frutíferos, mesmo quando não conseguimos sentir nada da seiva que escorre. É uma das lições mais difíceis de se aprender na nossa forma mortal.

Nesse caminho de confusão e de dúvidas, desci pela escada estreita e escura, passando pelos aprendizes adormecidos em seus quartos confortáveis, perguntando por que alguém subiria tão longe somente para sonhar. Sonhar começou a parecer uma ocupação perigosa, algo que levava apenas à ilusão sombria em que estava. *Por quanto tempo*, pensei, *devo vagar nessa nuvem de ignorância antes de me libertar dessa fantasia e ir para a brilhante luz solar do mundo "real"?*

Pareciam ter passado muitas eras antes de eu vir a entender que não há mundo real além daquele que cresce organicamente do solo materno, cujo jardim da vida inclui todo o cosmos e não foi projetado originalmente para o conforto da muda. Nossa linda gema turquesa de planeta é um terreno para a rosa gloriosa em sua plenitude. Cada semente deve crescer com o Sol quente, a chuva refrescante, ventos, tempestades e infestações de insetos. Cada uma deve morrer no seu tempo, para que seus elementos retornem à espiral. Todos esses elementos continuam a viver e morrer de novo, e de novo, como a grande alquimia continua a fervilhar no vasto caldeirão. O processo é tão imenso e além da nossa percepção mortal, que podemos apenas aprender a confiar na Mãe Terra para saber o que é melhor em cada estação.

Mas tudo isso ainda teria de ser entendido enquanto me debatia em meio a preocupações e dúvidas, com medo de que eu, de alguma forma, sem saber como, perdesse o barco. Isso me lembra de uma observação maravilhosa do falecido mitólogo e professor Joseph Campbell, que nos recordou de que não há barco. "Nós estamos", ele disse, repetindo uma expressão polinésia, "em pé em uma baleia, pescando peixinhos".

Mais por verdadeira ignorância do que qualquer má intenção, quis acelerar o processo de conquistar a santidade, por achar que Deus conseguiria me usar melhor se eu fosse melhor. Todos esses objetivos são muito mal orientados, pois o processo de vida é sempre o objetivo por si só. O verdadeiro "eu" não é um ente isolado que pode conquistar ou fazer qualquer coisa de si. Mas eu ainda não tinha aprendido essa simples verdade. Queria, na ocasião, pular os passos no meio e me levar até a perfeição, para agradar ao Grande Jardineiro *mais do que qualquer outra muda!* Meu amor por Deus era egoísta, originando-se das minhas próprias feridas e necessidades humanas.

Tudo o que eu poderia encontrar em "mim" era tristeza por minhas carências e anseio pelo que eu percebia estar faltando. A maior e mais bondosa lição que veio até mim foi aprender a morrer bem e completamente, uma habilidade que conheci com uma terapeuta talentosa e muito espiritual. Com todo o carinho, ela me ensinou a lição da crisálida. Percebendo que eu estava presa entre mundos, como realmente estava, ela me acompanhou na jornada e reafirmou a necessidade de deixar o processo da morte se completar.

Até então, eu havia "morrido" várias vezes, mas assim como aquelas velas de aniversário mágicas que não podem ser apagadas, ficava logo de pé todas as vezes, ainda "aqui" e pronta para continuar a luta. É claro que falo da morte que deve vir ao eu menor para uma vida maior, uma participação mais plena na vida eterna a começar. Eu nunca compreendia o porquê de desistir.

Essa mulher sábia me encorajava, uma vez "morta", a me desfazer no túmulo, me decompor, a me permitir passar pelo fétido processo de putrefação, a aniquilação da verdadeira morte. Não era rápido ou fácil. Mas, como a lagarta, a pessoa que eu era tinha de se dissolver na crisálida. Essa é a única alquimia genuína e apenas o Mestre Alquimista pode supervisionar o trabalho. Não é um projeto "faça você mesmo", nem pode ser aprendido com leituras ou ouvindo falar dele. Nem a lagarta pode aprendê-lo assim. É um processo que, na Terra, costuma levar anos. E como nós, humanos, não somos lagartas, temos outro trabalho a fazer, mesmo enquanto estivermos no casulo.

Então, esse processo deve ser como uma trilha sonora em um filme, a qual os outros mal percebem enquanto o filme se desenrola. Ela toca no fundo da vida e apenas a pessoa na crisálida pode percebê-la. É uma atitude de submeter o "eu" para ser "moído como trigo", como antigos autores espirituais nos disseram, para se tornar o pão que durará. Nós permitimos que nos "pisem como uvas" para nos transformarmos em um vinho, que pode fluir por nosso eu maior conectado e perceber a conexão.

Abrir-se para essa conexão é nos abrirmos à consciência e à vida mais plena da videira. Esse é o segredo para a vida eterna porque, uma vez cientes da conexão como um fluxo orgânico constante, estamos em nosso lar. Não importa se estamos em forma ou não; estamos em nosso lar feliz, no universo e em quaisquer mundos que podemos incluir para sempre.

Há uma importante distinção a acrescentar aqui. Permitir que o ego seja transformado não é uma questão de se livrar do ego, nem uma desculpa para qualquer sofrimento autoinfligido. Um ego saudável é nosso modo de realizar o trabalho e formar os relacionamentos que são tão necessários para construir a Terra. É nosso melhor amigo, mas não é nossa essência. Nós trabalhamos, rezamos e cooperamos com graça para ensinar nossos egos individuais a serem fortes e servirem ao eu superior. O ego pequeno não é o rei, a rainha ou o centro; é o campeão do Uno. Quando ele se transforma, abraça essa tarefa com alegria, vendo, assim como a jovem Maria em Nazaré, que é uma escolha abençoada.

Esta foi uma digressão, mas a própria vida faz isso constantemente para visitar os recantos e recessos da sua devida experiência. É uma jornada de surpresas, algumas necessariamente dolorosas, outras alegres e umas gloriosas além das palavras! Mas esse desvio em palavras não foi exatamente isso, pois aqui estamos prestes a passear pela casa de novo, com olhos que podem ver com mais clareza.

Capítulo 7

Um Segundo Olhar

Nós entramos no encantador átrio de vidro da fonte e sabemos agora que essas deusas cujos corpos terrenos servem em outro lugar muitas vezes não sabem, assim como você e eu, da incrível presença que ocupam aqui na casa maravilhosa. Enquanto elas trabalham, descobrem, sofrem e triunfam na Terra, consciente ou inconscientemente mantêm com firmeza seu centro aqui na fonte eterna. Como cálices de cristal saindo da grande fonte do amor divino, elas retêm a essência para todos que beberiam dela.

Eu me senti maravilhada e humilde diante desse mistério, dessa majestade, desse segredo da nossa humanidade oculto nos momentos ordinários de tempo/espaço. E fui renovada. Erguida acima do meu desejo de ser perfeita, comecei a admitir minhas fragilidades humanas como parte da história da existência terrestre. Expressei gratidão por minha própria feminilidade que compartilho com essas deusas irmãs.

Depois de me ajoelhar diante delas e fazer uma verdadeira reverência, deixei o cômodo para entrar, de novo, no Salão das Espadas. A antiga forja ainda dominava o centro da velha sala de pedra, e maravilhei-me mais uma vez com a força e o trabalho manual das armas enormes que cobriam suas paredes. Cada uma é única, cada uma é poderosa, elas eram remanescentes de uma presença invisível de verdadeiros valor e honra.

De repente, um jovem entrou no cômodo e, sem parecer notar minha presença, foi direto para seu trabalho. O que levou anos de sua vida passou diante de meus olhos como uma sequência de fotos. Eu o observei aquecer o aço cru e começar a submetê-lo ao fogo. O trabalho era exaustivo, enquanto ele aquecia a enorme lâmina e a retirava várias vezes, testando e testando. O jovem se tornou um homem maduro enquanto trabalhava, conforme a arma ficava mais forte e maciça. Notei sua estatura crescer até se igualar ao grande peso da espada, à medida que ela se transformava em um produto acabado espetacular.

Depois de muitas, muitas estações da sua vida, que voaram como um clarão na minha visão, ela estava completa, era única e totalmente dele. Ele se tornara um mestre e um gigante. Com facilidade, levantou o lindo instrumento e o colocou em seu lugar na parede sagrada, reservado apenas para ele. Então, humildemente, se retirou.

Enquanto ele saudava os outros e então saía do salão, eu o vi como o homem que agora se tornara – maduro e firme, mas, por outro lado, com a mesma aparência de todos os outros homens. Eu sabia que, quando ele saísse da visão dessa espada, teria momentos em que duvidaria de seu feito e outros momentos em que se sentiria pequeno demais para manejar seu grande poder. Mas eu também sabia que, de seu lugar naquela casa santa, a espada continuaria a irradiar seu poder por meio dele em todas as suas conquistas.

Mais uma vez, senti uma onda de alegria por fazer parte dessa incrível corporação da humanidade. Entendi que, por meio dele e com ele, eu tinha uma cota na energia conectada de cada espada pendurada lá. Agradecendo e reverenciando a dedicação de tantos, saudei os outros e deixei o salão, sabendo que minha vida, também, era valiosíssima. Estava energizada e desafiada a assumir o trabalho de construir a Terra, sem precisar "me" ver ou conhecer o fruto do meu trabalho.

De volta ao vestíbulo escurecido, senti o conforto do efeito do casulo, mas também estava mais ciente da mudança abrasadora do núcleo terrestre, que me puxava com magnetismo e me impulsionava com intensidade elétrica. Senti uma profundeza sob meus pés que ainda não tinha explorado e olhei para cima, para além da fascinante escada e das sombras da passagem mais estreita acima dela. Perguntei-me qual poderia ser a altura e a profundidade dessa casa. Eu ainda não tinha me familiarizado com os cômodos subterrâneos, nem com o andar superior da casa, que depois passei a conhecer muito bem.

Tentando enfrentar a sensação vertiginosa de alto/baixo e empurrar/puxar, caminhei na direção da cozinha. Vi que Jesus ainda estava com seus amigos em volta da enorme, rústica e acolhedora mesa. Acanhada, eu me juntei a eles e fui acolhida como uma velha e querida companheira. Secretamente (eu achava), do canto do meu olho, chequei suas mãos e as dos outros. Elas eram todas viçosas e limpas como as de bebês recém-nascidos, exceto que, em cada uma das mãos dele, havia um pouco de sangue seco de um pequeno ferimento ainda em carne viva.

"Nós limpamos em sua homenagem", ele sorriu, e vários de seus amigos piscaram para mim, enquanto as mulheres presentes apenas reviraram seus olhos. Fiquei envergonhada, mas podia sentir tanto afeto e gentileza no ar que me sentei imediatamente para comer.

Mais uma vez, não há forma de se calcular por quanto tempo fiquei com eles enquanto faziam preces devotas, traziam comida, cantavam canções, divertiam-se com brincadeiras, e toda a companhia compartilhava pão, vinho, lágrimas e risos. Por fim, ele levantou e nos disse que tinha uma tarefa importante a fazer e não nos veria por um tempo. Mas, antes de sair, sussurrou no meu ouvido: "Eu a verei novamente, pois vou preparar um lugar para você".

Fiquei curiosa com suas palavras e a angústia da perda apertou meu coração, mas ele se foi.

Com o grupo se separando, olhei ao redor para encontrar o Irmão Lawrence, que foi direto trabalhar, e preparou um maravilhoso e apetitoso pudim. Instintivamente, eu sabia que ele podia me dizer como confortar meu coração partido.

"Ouvi falar de sua reputação por remendar corações e almas", comecei. Mas ele já sabia o que me afligia. "Você *o verá* de novo, como ele disse", Lawrence sorriu.

"Mas como eu saberei onde encontrá-lo?"

"Pare de olhar para trás, onde ele estava, e não olhe para frente, onde você acha que ele estará. Ele está com você no momento, desde que não sinta falta dele. Se você não conseguir encontrá-lo no *agora*, nunca conseguirá."

"Mas estou aqui agora e não o vejo", protestei. "Ele se foi!"

"Apenas porque você está olhando para mim, criança! Pare de olhar para fora e procure por ele dentro."

Eu lhe agradeci, sem saber ao certo o que ele queria dizer, mas com o canto do meu olho vi um lampejo de fogo. Eu me virei rapidamente e vi Cinderela acendendo uma nova fogueira na enorme e velha lareira. Com habilidade, ela atiçou a pequena brasa até virar um fogaréu ardente e estrondoso para aquecer toda a sala. Eu tinha muitas perguntas a lhe fazer, mas ela já corria para outras tarefas. Aproximando-me dela, perguntei se podíamos conversar e Cinderela apenas disse: "Venha comigo!"

Eu comecei a trabalhar, ajudando-a a carregar a roupa suja para ser lavada e passada, limpando líquidos derramados, remendando e polindo, tudo em um ritmo agitado. Nós mal tínhamos tempo para respirar, que dirá para ter uma conversa. Enfim, ela parou brevemente para me mostrar algo: tirou de um armário secreto um lindo vestido que brilhava como o Sol e parecia feito de raios lunares sustentados por estrelas. Ela o segurou firmemente por um momento, acariciando o fino material, e então o colocou de volta, fechando o gabinete. Naquela pequena pausa lhe perguntei: "Esse é o vestido que sua madrasta usará no baile?"

"Oh, não", ela sorriu docemente. "É o vestido da minha querida mãe. Eu o estou guardando para me casar um dia."

"Nossa..." Fiquei bem impressionada. "Mas, se você possui um vestido como esse, por que está trabalhando como empregada?"

De novo ela sorriu docemente. "Este vestido é de outro mundo e não pode ser usado neste. Mas me lembrar desse vestido deixa meu trabalho mais leve. Com a sua ajuda e com meu trabalho aqui, você e eu estamos trazendo esse outro mundo para a realidade neste, de modo que um dia nós duas vamos poder nos vestir como rainhas."

Eu fiquei perplexa. "Nós? Você quer dizer que terei um vestido como esse, também?"

"Você já tem", ela me assegurou. "Você deve ir agora e me deixar fazer meu trabalho enquanto você faz o seu. Cada uma de nós sonhará e trabalhará até nossos sonhos se tornarem parte de um mundo maior. Mas eles já existem nas Plêiades. Você esqueceu?"

Agora minha cabeça girava. Eu achava que estava nas Plêiades, dentro da casa maravilhosa. Mas a Cinderela disse... o quê? Ela falou de seu amor por sua linda mãe que nunca estava distante de seus pensamentos. Ela encantou meus olhos com um vestido que eu não poderia acreditar ser possível, mas não era para ela usar *neste* mundo. Em que mundo estamos, então? Suas palavras me intrigaram e comecei a me perguntar onde era minha casa. Eu a invejei por ter uma mãe como essa, que deixou para ela o legado desse vestido, e senti muita saudade da minha mãe. Talvez se eu conseguisse encontrá-la, ela teria lindos objetos para compartilhar comigo.

Imersa nessa saudade silenciosa, segui em frente.

De algum lugar perto da despensa, ouvi soluços, fui em direção ao som e encontrei um menino que parecia inconsolável. "Posso ajudar?", perguntei ao rapaz.

"Ninguém pode me ajudar agora, pois perdi meu pai e nunca o verei de novo", ele disse, infeliz. "Foi minha culpa, porque fui tolo e fugi dele – a única pessoa que me amou e se importou comigo." Seus soluços partiram meu coração e me vi chorando com ele.

"Não pretendo deixar as coisas mais tristes para você, mas perdi minha mãe também, então eu realmente sinto seu pesar", consegui dizer em meio aos meus soluços. "Talvez nós possamos procurar por eles juntos?"

"Isso seria fácil para você", ele disse, "porque você é uma mulher real, com um corpo, braços e pernas que podem se mexer. Eu sou apenas um boneco que não consegue se mexer sozinho".

"Às vezes me sinto como uma boneca", propus, "e acho que você se parece muito com um menino de verdade. Acho que talvez nós consigamos resolver a questão se decidirmos ser muito fortes e nos ajudarmos".

Ouvindo isso, ele parou de chorar e virou sua linda cabecinha de madeira para mim, como se tivesse acabado de se lembrar de uma coisa maravilhosa. "*Tem* uma fada", ele começou, "mas ela provavelmente está muito brava comigo porque não a ouvi. Ela provavelmente não ia querer nos ajudar agora".

"Você pediu para ela?", eu disse, esperançosa.

"Bem, não, porque estou com muita vergonha da coisa muito, muito má que eu fiz."

"O que você fez de tão mau?", perguntei.

Tímido, ele balançou sua cabeça e respondeu, em voz baixa: "Meu pai queria que eu fosse para a escola para aprender a me tornar um menino de verdade. Mas, em vez disso, fugi com algumas pessoas que só queriam me usar para benefício próprio. Prometeram me levar à Ilha dos Prazeres e acreditei nelas, porque achei que teria mais diversão do que se fosse à escola...". Sua voz falhou, enquanto seus olhinhos pintados começaram a se encher de lágrimas.

Eu me senti tão péssima por essa criança que foi enganada e não poderia entender totalmente a tentação que foi até ela. O garoto realmente acreditava que era sua culpa e que traíra seu pai. Era tão lamentável observar seu sofrimento que logo esqueci o meu.

"Qual é o seu nome?", perguntei, "O meu é Maria."

"Meu pai me chamou de Benjamin", ele quase sussurrou.

"Nós partiremos em uma aventura, Benjamin," eu lhe prometi. "Nós encontraremos seu pai e minha mãe. Quando seu pai vir como é corajoso, saberá o quanto você o ama e ele o perdoará. Você vai ver! Agora vamos encontrar sua fada e pedir para ela nos ajudar."

Nenhum de nós tinha ideia de onde poderíamos começar a procurar, mas começamos a sair com passos firmes da cozinha, com a disposição e as nossas cabeças erguidas.

De repente, quando estávamos quase saindo daquele lugar, duas mãos fortes, como garras, agarraram-nos e nos jogaram, sem cerimônia, como lagostas vivas, em seu enorme caldeirão fumegante. Antes de eu desaparecer no caldo espumante e escaldante, vi o olho de Ceridwen, sem um pingo de compaixão nele. Ela gargalhou para mim: "Procurando uma fada, hein, seus pestinhas?", e me viu afundar.

Boas fadas vêm em todos os formatos e tamanhos. Opa! As expressões "boa fada" e "fada boazinha" não têm nada a ver uma com a outra. Esses foram meus últimos pensamentos, enquanto meu companheiro e eu nos dissolvíamos dolorosamente em outra lição a aprender, enquanto o impiedoso caldo se tornou mais espesso com a adição de seus novos ingredientes.

Com a carne de meus ossos se dissolvendo e sem saber ao certo como ou o que eu era, tornei-me parte da sopa e nossa aventura começou. Apenas quem tenha sido cozido vivo na sopa entenderá o que estou prestes a dizer. Por outro lado, se você se vir entendendo o que estou prestes a falar, com certeza foi cozido vivo na sopa. Talvez só não tenha reconhecido isso na ocasião.

Meu amiguinho e eu existimos em um tempo fora do tempo enquanto durou, até que perdemos a ilusão de que éramos dois. Dentro do grande caldeirão, com a minha vida se dissolvendo ao meu redor e a vida dele separada se dissolvendo também, nós obedecemos aos desejos de seu pai e fomos para a escola. Nós nos sentamos em uma mesa em uma sala de faculdade no tempo/espaço *continuum* da Terra. "Nós" fomos para a pós-graduação e conseguimos um mestrado em Psicologia. Durante todo esse tempo de cozimento, fermentação e transformação, nós dois nos tornamos um. Nós ficamos mais fortes e mais sábios, e ele se tornou um menino de verdade, depois um homem forte dentro do recipiente da nossa aventura. Nenhum de nós era mais um boneco, mas alguém mais completo dentro do Todo.

Capítulo 8

Dentro do Caldeirão

Agora, devo lhe dizer onde o pai do menino esteve durante todo esse tempo. Talvez se você ouviu a história do Pinóquio na infância deve ter imaginado que o pai do jovem boneco era um sapateiro chamado Gepetto. Mas o "marionetista" é uma imagem bem maior do que o do homem nessa única história.

A essa altura, você deve suspeitar de que o caldeirão no qual Ceridwen me jogou sem a menor cerimônia também poderia ser percebido, em outros sistemas de sentido, como a "barriga da baleia". O Jonas bíblico não foi o primeiro nem será o último a ser arrancado de seus ancoradouros e lançado à clemência dos elementos.[17] O Mestre Alquimista é um gênio no grande trabalho de misturar e transformar nossas essências brutas. É uma obra que nos separa da ilusão em forma-material de ter a propriedade distinta do privilégio pessoal, *status* e drama.

O erro de Jonas foi acreditar que poderia escolher aceitar o propósito para o qual ele veio em forma. Foi chamado por Deus em

---

17. Jonas é um profeta do Antigo Testamento, famoso por ter sido engolido por um peixe ou uma baleia. A história bíblica de Jonas é repetida, com algumas diferenças notáveis, no Alcorão.

nome do Todo. Deveria advertir o povo de Nínive[18] e lhe dar uma escolha informada sobre se cooperavam ou não com a ajuda que Deus lhe enviava. Jonas tinha de aprender que, para salvar o povo, deveria salvar a si mesmo. Ignorar esse chamado especial era também se destruir. É tudo uma lição na percepção. Nós realmente somos Um. Nós aceitamos os "chamados" que recebemos para estarmos em nosso lugar no Todo – um lugar que ninguém mais pode ocupar. As coisas que parecem ser retiradas de nós apenas nos são dadas de novas formas, pois estamos misturados em algo/alguém bem, bem maior do que entendemos ser.

Às vezes, essas lições vêm até nós em um toque suave e, em outras, elas vêm como um tapa de uma mãe urso. O amor é mais forte do que a morte, e tão forte quanto precisa ser para trazer a pessoa amada à consciência. Ele tira o amado das garras da morte para a vida maior e mais abundante de qualquer forma que for necessária. Pois, no centro, é nosso próprio amor que nos ama mais profundamente e com mais constância do que qualquer outro amor. O grande amor reside em nós, e entre nós, e é Emanuel. Esta é a Promessa das Eras – uma promessa de que todos nós voltaremos para casa ao amor que *somos*.

Então, meu amigo, o bonequinho, e eu ficamos procurando, indagando, aprendendo e integrados em um. Ceridwen nos misturou e cantou sobre nós, nos dissolvendo e reformando até, por fim, que encontramos o lugar dentro daquele caldeirão onde nosso pai estava preso. Nossa história maior começou quando percebemos que nós fomos levados para aquela panela para encontrarmos partes ausentes de nós mesmos.

---

18. Nínive, capital do antigo império neoassírio, foi a maior cidade do mundo por cerca de 50 anos.

Às vezes, um pouco de agitação é necessário em um lugar onde não podemos encontrar um ponto de apoio, onde as ondas da circunstância ameaçam nos afogar, antes que pudéssemos abandonar a visão menor que temos de nós mesmos e da nossa herança no universo mais amplo.

Nós encontramos nosso pai, como explicarei em breve, em um navio que afundou naquele lugar fundo, cheio de água. Muitos são os viajantes que perdem seu caminho em um oceano tão misterioso. Alguns contam demais com um barco que lhe dá uma falsa confiança, e outros tentam fazer a jornada sem ajuda e não conseguem a força de que precisam. Um poeta muito sábio, Leonard Cohen, escreveu: "E quando ele sabia com certeza que apenas afogados poderiam vê-lo, disse que todos os homens serão marinheiros então, até que o mar os liberte".

As águas se tornavam mais pacíficas e o Sol começou a ficar visível em meio às profundezas sombrias. O jovem comigo se tornou uma parte forte e humana de mim. Juntos nós realizamos a tarefa indispensável para nosso desenvolvimento intelectual e social. Nós fugimos da Ilha dos Prazeres, o que para mim foi um lugar de negar minhas próprias habilidades acadêmicas e necessidades para agradar os outros na minha vida. Finalmente consegui ver como essa atitude de precisar agradar incapacitou e impediu o meu jovem lado masculino. E, como eu estava prestes a descobrir, nós éramos produtos de um mestre que, com certeza, tinha boas intenções, mas sabia apenas criar bonecos.

Foi somente nesse ponto que nós encontramos o navio. Ele se tornara uma prisão, agora, para quem está preso dentro dele. Ao sentirmos sua morte fria e enferrujada, nós entendemos que nosso pai era um dos infelizes prisioneiros. Como raios isso aconteceu? Não tínhamos tempo para considerar essa questão; nós tateamos por uma porta, um portão ou uma fechadura. Dentro da fechadura encontramos uma velha chave, toda coberta com uma crosta e irreconhecível, depois de séculos de descuido. Nós a libertamos devagar e nadamos para cima, seguindo um tênue raio de luz.

De pé no topo dos destroços do navio naufragado, nós nos libertamos do controle aquático por um momento. Não havia terra à vista e o céu ainda estava nublado com a última das nuvens cinzas se abrindo. Nesse momento senti um empurrão – uma onda – de poder bruto, que eu nunca tinha conhecido. Com fé, confiando no Uno e em um arroubo de puro entusiasmo, levantei a chave decrépita acima da cabeça. Um raio lancinante de luz solar brilhante respondeu ao meu gesto e despedaçou a cobertura de nuvens remanescente. Foi mais elétrico do que um raio, mas inofensivo, quando a energia intensa me inundou da cabeça aos pés e, com uma convulsão de puro júbilo, ouvi estas palavras: "Este é meu filho amado, em quem me comprazo".

A força da energia que cruzou meu corpo me transformou, e a chave antiga ficou nova e dourada de novo. Eu sabia que a primeira parte de nossa busca tinha terminado e uma nova estava prestes a começar. Nós tínhamos a chave preciosa!

Acontece que a libertação do nosso pai da prisão no navio demorou mais alguns anos até ser completa, mas pelo menos nós o encontramos. Uma vez dentro do navio, nós corremos alegres para o seu lado para contar as boas-novas. Nós tivemos de navegar por ossos, lodo e lixo tóxico, mas finalmente encontramos sua cela, bem no fundo, nas masmorras do navio. Enfim, nós corremos até ele, prontos para uma reunião feliz.

Os anos de vida sem luz e ar cobraram um grande preço dele, que se esquivou da nossa aproximação. Inutilmente nós lhe contamos nossa aventura e as coisas que aprendemos. Em uma voz rachada e baixa, ele nos disse que nós estávamos errados e nos reprovou por nossa tolice.

"É assim que devemos viver", ele insistiu. "É a vontade do Criador e nós não temos o direito de olhar por outro caminho. Um dia seremos recompensados por nosso sofrimento e paciência."

"Mas hoje é este dia", nós proclamamos. "O Uno nos enviou para libertá-lo!"

Pareceu-nos que a jornada milagrosa à qual acabamos de sobreviver era prova o suficiente de que fomos enviados. Como ele poderia duvidar? Parecia que, apesar de nossas boas intenções, só lhe estávamos causando mais dor. Ele grunhiu e se virou para nós dizendo: "Eu ficarei aqui no navio".

Não adiantava tentar mudar sua cabeça e nos parecia que, em qualquer tentativa de removê-lo à força, corria-se o risco de quebrar um osso já frágil. Então, com muita tristeza, nós o deixamos.

Esta foi a última lição que Ceridwen quis que nós aprendêssemos naquela ocasião: apesar da verdade que agora possuímos e a qual nos libertava, nós não tínhamos o direito de impô-la a outro que queria apegar-se à sua própria verdade.

Com um golpe rápido de sua escumadeira, ela nos retirou do caldeirão. Nós estávamos amadurecidos e fortalecidos agora, não éramos mais uma isca fácil.

Era hora para nós servirmos pela primeira vez como iniciados. Nós quase esquecemos nosso amado lar, mas aqui estávamos novamente na maravilhosa cozinha.

Capítulo 9

A Iniciação

Nós fomos logo levados à Sala de Reuniões, onde bardos e contadores de histórias de muitos mundos nos aguardavam. Nós nos sentamos cativados, enquanto, um após o outro, eles cantaram suas canções e epopeias e teceram o tecido encantado da história. Nós nos sentimos como se estivéssemos sob um feitiço, enquanto ficamos entrelaçados à própria história – aquela grande canção da formação.

Contos sobre os quais nunca ouvimos falar começaram a soar familiares, quando os personagens e os lugares, os desafios e as tarefas, os finais tristes ou felizes soaram cordas familiares na nossa memória. Começamos a entender que todos os padrões fazem parte do padrão maior pelo qual a vida se conhece.

Quando enfim cessaram a canção e a fala encantadas, nós sabíamos claramente o que era esperado de nós agora. Emocionados além da medida, nós nos levantamos e entramos na Espiral Azul tão esplendidamente viva na sala. Nós nos reviramos no grande padrão cíclico e desistimos de todas as nossas aventuras, privações, tristezas e até do nosso encanto inflado por nossas conquistas em seu giro sábio. No amor e na rendição, fomos limpos de quaisquer desejos pegajosos e fascínios sobre o resultado das histórias. Elas pertenciam agora à experiência eterna do Todo. Algo de nós – de mim – se tornara eterno no Todo, e o Uno começava a ganhar vida nessa estrutura mortal.

Quando saímos da Espiral, fomos levados para nossas tarefas distintas, que não separaram a nova consciência da nossa unidade. Eu fui levada ao Átrio das Águas Vivas, enquanto meu colega foi conduzido ao Salão das Espadas. Não ficamos mais fisicamente em contato o tempo todo, como estivemos, mas cada um de nós estaria completando o trabalho do outro no Todo. Não éramos, de fato, mais um homem ou uma mulher, nem um jovem ou uma velha, mas vivíamos agora no Cristo, o Ungido que foi enviado.

Benjamin foi diretamente à forja sagrada. Ele olhou, amedrontado, por apenas um momento, para o fogo, enquanto pegava o aço cru.

Eu fui em direção ao átrio onde uma das deusas me saudou, convidou-me para o círculo e me entregou o cálice para segurar, que agora seria meu, enquanto eu distribuía a água.

O "tempo" que passei na fonte gloriosa é uma das minhas memórias favoritas que eu, às vezes, queria poder recapturar. Por ter sido um passo muito necessário na minha preparação e desenvolvimento, explicarei como me senti por estar nessa posição privilegiada.

Ficar de pé na fonte inesgotável, bem como receber suas águas nas próprias mãos, é uma delícia intoxicante. Significa que, embora você ainda esteja em seu corpo mortal, vivendo uma vida ordinária ou extraordinária na Terra, fica ciente, de tempos em tempos, da presença que tem nessa outra dimensão, que parece estar fora do tempo e do espaço. A promessa que Jesus anunciou à mulher no poço – que uma fonte poderia jorrar de dentro e impedir que sentisse sede novamente – criou raízes em você, que bebe dela constantemente, transbordando o bastante nas vidas dos outros.

Mesmo que o mundo ao seu redor a veja ou não, você está ciente de que a água viva jorra através de você e toca profundamente outras vidas. Ela cura, refresca e renova. As pessoas recebem força e compreensão, fé e misericórdia, suas dádivas. Sabe-se que o espírito de *toda vida* se tornou disponível e abundante no mundo. Há uma certeza também de que essa é uma nova experiência que se apossa de todo o mundo e que logo todas as pessoas conseguirão tomar parte nesse fluxo borbulhante. Em breve, no entanto, nós começamos a fazer planos para Deus da forma em que *nós* pensamos que eles deveriam acontecer. Isso sempre significa que outro período de aprendizado está perto.

Após meses, ou eras, do que seria o tempo da Terra, uma jovem sorridente se aproximou de mim e estendeu as mãos para receber o cálice. Deixei-a beber da água, esperando que então fosse embora, mas ela permaneceu em uma postura graciosa e receptiva até eu perceber que estava pronta para receber o cálice. Ela me lembrou muito do eu mais jovem e puro que eu fora no dia em que fiquei em sua posição. Então me afastei, renunciando ao cálice e deixando-a tomar o lugar.

Enquanto escrevo essas lembranças, vem à minha mente a canção de outro poeta terráqueo:

"Há uma hora para todos, se eles aprendessem que

o caleidoscópio giratório nos leva a todos de uma vez".

Elton John

Entrando no pequeno vestíbulo, fiquei cheia de alegria em ver meu jovem rapaz, que tinha finalizado seu trabalho também e se tornado um homem maduro de meia-idade, robusto e grisalho. Sabia que, se eu procurasse, veria uma linda espada nova brilhando em seu lugar na Parede dos Campeões. Benjamin e eu nos abraçamos calorosamente, e fomos encontrar nossa próxima aventura.

Aconteceram duas coisas que valem a pena contar: a primeira é sobre a desorientação que sentimos quando fomos tirados do trabalho que tínhamos começado a entender como nossa função. Talvez nós não tenhamos integrado totalmente a ideia de que não somos uma "função", mas uma realidade espiritual que *é*. Afastar-se dessa tarefa, quando for a hora, é assustador, e às vezes doloroso, porque pede para que se acredite apenas por pura fé de que se tem uma tarefa, em qualquer lugar.

A segunda coisa é a continuação da experiência pleiadiana e a exploração mais profunda daquilo no qual embarcamos. Essas duas coisas aconteceram em um ritmo de luz solar, arco-íris, tempestades e furacões – em outras palavras, durante a vida cotidiana na Terra.

A retirada do meu lugar na fonte significou que a "caridade" para com os outros não seria mais minha experiência cotidiana. A caridade que senti antes ainda não era a virtude genuína que provém diretamente do coração do Divino. Esse é um sentimento mais difícil de perder, pois nós estávamos seguindo a vontade, a mente e o coração do espírito, como podemos humanamente, por um longo período. Fomos treinados na compaixão, e é difícil entender por que somos incapazes de senti-la ou ficamos misteriosamente restritos de alguma forma por nossos antigos hábitos e reações de doar e amar. Isso acontece em uma miríade de formas muito pessoais para cada um de nós, como pudermos lidar. É como se tivéssemos perdido nossa compaixão, mas apenas a sensação dela foi tirada temporariamente, para que nós aprendamos a cuidar sem as boas sensações que isso traz. Então, afinal, se nós nos rendermos às agitações do interior nas novas formas que estamos aprendendo, poderemos ver gradativamente que "nós" não temos poder para amá-las ou servir a "elas".

Isso não deve ser mal interpretado ou usado como uma desculpa para a insensibilidade. É uma coisa certa, adequada e sagrada, além de um passo necessário em nosso crescimento espiritual, usar nossos melhores dons, valores e recursos humanos com nossos maiores atributos, em nome da justiça; e amar e proteger nosso próximo. O impulso de se sacrificar pelo bem dos outros rende e rendeu muitos frutos para nosso pequeno planeta. Aqueles que doaram, de formas pequenas ou grandes, mesmo à custa de renunciar às suas vidas, são inspirados e apoiados por essa fonte de amor interior, mesmo quando ela não é reconhecida. Mas, aos poucos, nós aprendemos que os outros não são "outros" nem há mais qualquer necessidade de manter a antiga forma de pensamento.

Portanto, quando esse estímulo por compaixão ou afeto é retirado do nosso nível de sentimento, principalmente depois que conhecemos e respondemos a ele com frequência, podemos ficar perplexos e apavorados por, de alguma forma, nós "perdermos" o caminho. Mas é hora para a maioria de nós abordar a união com o Divino quando, por um breve ou um agonizante longo período, somos misteriosamente incapazes de sentir compaixão humana. Isso não significa que não oferecemos compaixão, mas a oferta vem agora de um lugar bem diferente, que não diz respeito ao ego e, muitas vezes, é dada sem a pessoa compreender o que está acontecendo. É um momento muito doloroso, seja ele longo ou curto, mas fundamental para aprender que não sou "eu" que ama, doa e educa, mas o "eu" que é eterno e é, para dizer de forma simples, o Todo amando o Todo – não os "outros".

Então qual é a diferença? Como a diferença importa ou tem qualquer impacto nas pessoas, na flora e na fauna – as muitas expressões da Fonte abundantes no planeta e no cosmos? Como uma pequena pessoa, uma pequena célula de vida faz qualquer diferença?

Quando os véus são autorizados e encorajados a cair, a ilusão da separação se dissolve e a fonte é encontrada no interior, deixa de ser algo a ser abordado. Uma vez que for vivenciada de dentro, pode haver uma agitação turbulenta ao redor por causa da falta de compreensão. Você pode se sentir amado ou não a princípio, mas ainda sentir como se o mundo que conheceu está de ponta-cabeça ou que não há terra firme sob seus pés.

Essa é a mesma imagem sobre a qual São João da Cruz[19] falava quando ele atestou que a luz de Deus é tão brilhante a ponto de ofuscar nossos olhos destreinados. Enquanto entramos pela primeira vez nessa proximidade e falta de separação, entramos na desorientação.

Podemos nos sentir chamuscados pelo fogo ou totalmente imolados na pira sacrificial, longe do senso de nós mesmos que conhecíamos antes. Renunciar ao familiar senso de separação pode muitas vezes parecer mais como um desmembramento do que uma união. Mas a união total, a realização total do "eu" é a obra de uma vida e pode levar representações estáticas, gloriosas, terríveis e exaustivas ao pequeno ser que está ocupado sendo inundado pela realidade.

Nós podemos nos sentir transbordando de devoção e de grande caridade para com os outros, mas esse ainda não é o estado pleno (nunca final) de união com o amado. Vem um ou mais momentos de sobrecarga, de afogamento, de pânico puro quando a realidade cerca e inunda o ser menor que ainda não compreende sua própria pequenez, suas limitações, seu cativeiro na ilusão da separação. Às vezes, podemos nos sentir até mais separados do que nunca. Se houve uma sensação de proximidade com Deus (em qualquer tradição esse termo é entendido), essa é muitas vezes a coisa mais difícil de todas de se perder. Nós devemos perder isso pelo motivo de que isso é, também, uma ilusão, não ainda o estado que realmente *é* – a união que de fato existe. Mesmo que nos sintamos próximos ao amado, ainda assim não experimentamos a unidade. Por isso, podemos nos sentir jogados de um lado a outro, rejeitados,

---

19. São João da Cruz foi um místico espanhol do século XVI, santo da Igreja Católica Romana e frade carmelita. Sua poesia e seus estudos sobre o crescimento da alma são famosos na literatura espiritual.

em falta, queimados ou afogados – tudo isso entremeado por momentos de muita inspiração e um amor profundo. É muito difícil se agarrar às antigas normas de serenidade ou equilíbrio quando estas se alteram pela transformação. Mas somos guiados e conduzidos com gentileza para um novo equilíbrio. É um equilíbrio de paz que finalmente prevalece, quando encontramos nosso lugar no Todo.

Ao analisarmos a relutância do nosso pai em deixar sua cela, sentimos uma grande compaixão, pois ele estava escolhendo permanecer em um papel no qual "saberia" que servia a Deus, em vez de abandonar aquele lugar para o mar e o desconhecido das grandes profundezas. Por que ele acreditaria em mim quando eu dizia que era a decisão mais sábia a tomar? Ele tomou suas decisões com base no que sentiu estar nos princípios da experimentação e da verdade (Era Pisciana). No entanto, lá estava ele, deteriorando-se de formas que não via realmente. Nós todos fazemos o que acreditamos ser o melhor para nós mesmos; quem pode desafiar essa posição?

Porém, para aqueles que tiveram a noção e a visão de seguir em frente, nós descobriremos que o indivíduo é talhado em união com a vontade e a mente, o coração pulsante do Todo vivo que existe. O "modo" como isso acontece escapará para sempre daqueles que buscam um ponto inicial, porque a Fonte está além de qualquer contemplação de separação. Ela se conhece apenas *agora* e como é (ou como *EU SOU*). Ela ama só o que *é*, o que existe, somente por causa do amor sempre vivo.

Se Deus não "nasceu" em mim, não é levado totalmente à realização, então, como Deus pode viver e intervir no planeta, no cosmos, na minha vizinhança, escola, lar ou trabalho? A diferença entre os atos de caridade para com os outros e aqueles realizados dentro da mente e da vontade e do coração do Todo é que estes não têm limitações humanas ou qualquer interesse próprio, e beneficiam de fato *Tudo o que é,* de formas visíveis e invisíveis.

Enquanto essas lições são assimiladas, de forma devagar e no meio da aflição, nós nos sentimos em um limbo. Mas vai passar.

Capítulo 10

A Descoberta do Quarto Andar

Enquanto isso, de volta à casa maravilhosa, Benjamin e eu ainda estávamos explorando-a. Passei a entender que havia um quarto andar, o qual poderia mesmo ser detectado de fora, se a casa fosse vista pela lateral. Mas a Grande Escada terminou no terceiro, no lugar onde descobri a alcova que continha a Arca da Aliança. Será que haveria uma entrada por algum cômodo ou corredor ocultos?

Então, nós subimos de novo, passando pelo segundo andar e os sonhadores, subindo na escada escurecida e estreita que ainda parecia um território proibido. Mais uma vez percorremos lentamente o corredor com todos os seus cômodos. Dessa vez, não parei para examinar todas as portas. Agora elas estavam fechadas, mas eu sabia que muitas expressões do Todo participavam do grande trabalho. Eu me perguntei como isso pareceria e qual seria a experiência lá algum dia.

Nós prosseguimos, tateando as velhas paredes por alguma dica. Lembrei-me de uma imagem de um sonho que tive enquanto ainda era uma aprendiz. No sonho, eu encontrava uma abertura em uma parede bem acima da minha cabeça. Parecia um espaço de armazenamento comum, mas não tinha um meio de acesso óbvio. Mas fui curiosa, consegui pular e agarrei algo que parecia ser uma cornija. Consegui empurrar o painel até ele se abrir um pouco, então dei um impulso e subi pela abertura, rolando pelo chão em um andar totalmente novo.

Ocorreu-me que o sonho pode ter sido uma memória, como muitas coisas são. Então segui meu caminho, tateando as paredes, pulando aqui e ali, até sentir minha mão roçar na borda da cornija quase invisível. Benjamin me levantou quando a vi, pegando impulso com as pernas e tateando para ter uma melhor pegada para que eu pudesse subir até onde poderia empurrar o painel. Sem dúvida, ele cedeu ao meu toque, eu me vi revivendo o sonho. Puxei-o depois de mim.

Ao nosso redor havia tesouros – pedacinhos velhos e valiosos que eu tinha trazido comigo para cá do planeta turquesa. Fiquei muito surpresa mesmo, tanto por ter esquecido a coleção magnífica, quanto com a estranha variedade de coisas que eu achava ter valor e tinha trazido comigo. Algumas pareciam estranhamente mundanas, como o cadeirão de bebê de madeira com um troninho embutido. Era tanto nostálgico como engraçado que eu estimasse uma coisa dessas, algo que sem dúvida usei há muito tempo. Isso me levou de volta a uma memória de West Philadelphia, planeta Terra, em torno de 1938. Agora essas coisas estavam em uma sala que não era uma sala, mas outro mundo.

Nós não pudemos permanecer lá por muito tempo – apenas o bastante para perceber que havia uma profusão de material para explorar. Uma das primeiras surpresas do quarto andar foi que eu trouxe muitos resíduos de alegrias da infância, incluindo pelo menos três brinquedos de parque de diversões. Uma das minhas memórias mais antigas de West Philadelphia é o Woodside Park, onde crianças afortunadas iam para fazer piquenique, excursões e aproveitar as atrações. Eu era louca para poder ir lá!

Então, talvez não seja uma surpresa que nesse lugar, que é a "primeira de muitas, muitas mansões" – o "primeiro céu" – esteja a diversão da infância.[20] Redescobri um brinquedo para crianças pequenas que consiste em um círculo de pequenos elefantes voadores (em referência ao Dumbo). Apenas uma criança cabia nos assentos minúsculos que rodavam e rodavam, bem alto no ar (a cerca de um metro do chão), fascinada por uma versão em miniatura do mesmo movimento do sistema solar.

Outro brinquedo, criado para crianças mais velhas e adultos, era uma montanha-russa bem tranquila. A emoção nessa experiência era a ilusão do perigo em percorrer as subidas e curvas suaves. Era bem segura, mas deliciosamente assustadora em alguns momentos.

O terceiro brinquedo era, na verdade, ainda mais seguro, mas parecia ser o mais assustador, porque os passageiros ficavam em carrinhos individuais que desapareciam em túneis escuros no subsolo. Embora cada carro estivesse ocupado, ficar fora de vista criava uma sensação de estar separado e isolado

---

20. O "primeiro céu" é um termo adaptado da Escritura no espírito do que São Paulo nos conta de suas experiências. Serve para transmitir um estado acima da visão comum da vida terrena, onde encontramos os estágios *iniciais* da paz perfeita e da felicidade – a quinta dimensão.

na passagem para a escuridão e o desconhecido. Assim como em outros aspectos da vida, era preciso ter coragem para subir a bordo, mas se podem ver coisas no escuro que não conseguem ser vistas na luz. E, depois do passeio, nós descobrimos coisas sobre outros tipos de vista que não sabíamos antes.

Em um canto solitário no quarto andar, um manequim de uma velha cigana lerá sua sorte por diversão. Mas é uma "sorte" bem impessoal, pré-escrita em um cartão, que não diz nada de iluminador. É fácil ver que ela não passa de uma máquina sem vida. Nós a colocamos literalmente em uma caixa e ela só pode dispensar conselhos premeditados e enlatados. Nós ansiamos pela mulher misteriosa, cigana ou não, que pode viver e respirar, sangrar e amar, e nos dar um aconselhamento inteligente e caloroso com base na sua sabedoria de vida. Nesse anseio repentino, nós nos lembramos de nossa busca pela mãe – o toque tenro de suas mãos, e o aroma de sua pele e do seu cabelo.

Nós exploramos esse andar com carinho e frequência, descobrindo que suas fronteiras ficam em algum lugar no infinito. Eu ainda não entrei em partes dele. Espero poder explorar essas dimensões ainda desconhecidas com você enquanto continuamos.

Benjamin e eu voltamos ao mundo da forma depois daquela curta estada na casa e fizemos um tipo de separação. Ele sentiu que foi chamado a fazer coisas heroicas maravilhosas, imaginando-se cavalgando metaforicamente um cavalo forte e efetuando grandes mudanças nos padrões culturais. Senti que fui chamada a aprender em silêncio e ensinar sobre os caminhos da espiritualidade, então estudei algumas das religiões e grandes mitologias do mundo para compreender melhor o que nos conectava e o que nos dividia. Meus filhos cresceram, viraram adultos e começaram vidas novas. Tudo mudava na minha vida. Alguns desses jovens adultos a quem dei à luz tiveram grandes batalhas a superar, e sempre fiquei em meio a tragédias e vitórias. Não parecia haver descanso nem conforto, exceto na paz interna que veio quando eu mais precisava dela. Eu ainda meditava e rezava para o guia interior, que agora sei ser Deus. Ainda não tinha experimentado de fato a unidade constante na qual vivo agora.

Estava, creio eu, em uma negação profunda sobre o estado do meu casamento, que sempre considerei forte e indestrutível. De todas as coisas no mundo que me eram mais valiosas, sentia que meu casamento estava no topo da lista e que Deus nos ajudaria a mantê-lo forte. Eu amava meu marido profundamente como melhor amigo, amante, companheiro e um apoio sólido para meu bem-estar. Sempre me pareceu que ele sentia o mesmo. No entanto, nós dois sabíamos que ele não estava feliz, sempre procurando por algo para ajudá-lo a superar seu estado depressivo. Apenas nunca imaginei que seria eu que ele teria de abandonar; essa era uma proposta impensável.

Nós lutamos por cerca de cinco anos, enquanto nossa intimidade diminuía de formas invisíveis, ainda que parecesse florescer ainda mais de outras maneiras. Não vejo que bem possa vir de mergulhar em um passado que não existe mais, então não direi mais nada sobre essa época.

Enquanto isso, senti com ainda mais clareza uma necessidade de ensinar as lições maravilhosas que aprendia. Eu usei as ocasiões que poderia para criar seminários e compartilhar a mistura de espiritualidade e psicologia junguiana, que me serviu bem e fez tanto sentido na minha vida.

Eu me senti pronta para subir até andares mais altos e explorar ainda mais esses planos que tinha acabado de descobrir. Naturalmente, voltei à casa maravilhosa nas Plêiades para explorar o quarto andar. Tive a certeza de que poderia, mais uma vez, encontrar o portal oculto para a entrada do terceiro andar.

Capítulo 11

Avó Aranha

Havia arandelas encantadoras aqui e ali ao longo do corredor. Parei para examinar mais de perto o desenho intrincado de um desses objetos que irradiam luz. Um fio de cabelo solto parecia preso entre o encaixe arredondado e a parede. Pareceu estranho, já que tudo ali estava limpo e arrumado. Puxei-o para removê-lo e, para meu choque, ele mexeu. Com repulsa, percebi que tinha agarrado uma das pernas de uma enorme aranha negra, que agora aparecia. Uma grande sombra horrível se escondia na luz e eu agora tinha de encará-la com a cabeça erguida. Não estava nada preparada para essa reviravolta dos acontecimentos! Tremi e fugi o mais rápido que pude.

Mas tudo nessa casa é meu, pertenço à casa, tanto quanto ela pertence a mim. Não há forma de escapar que deva ser conhecida e aceita. Era hora de ver o que eu não veria.

Depois de um curto período, voltei para encarar meus medos. Reunindo toda a coragem que podia, subi as escadas e chamei a Avó Aranha[21] para ela vir me perguntar o que queria saber.

---

21. A Avó Aranha é a criadora do mundo para os povos indígenas americanos Pueblo e Navajo. Na mitologia, ela tecia uma teia, bordava-a com orvalho e a atirava ao céu, criando assim as estrelas.

Logo ela apareceu e, zombeteira, pediu que eu me aproximasse. "Por que você não vem para minha sala?", ela perguntou, sabendo que eu reconheceria a poesia infantil que prevê um desastre para a mosca.

Fui de alguma forma agraciada em ver que essa era a mãe que procurei por toda a minha vida. É difícil de entender, mas só posso relatar minha verdade como a vivi. Enxerguei através do disfarce de seu aspecto terrível e destruidor, e sabia que somente ela poderia conceder minha vida. Aceitei seu convite para ir à terrível "sala". Testando minha determinação, ela perguntou se eu tinha certeza de que queria o que ela tinha a me dar. Com os joelhos tremendo, eu disse sim – a decisão mais significativa e custosa da minha vida.

"Desta vez", disse ela, lembrando-me da minha provação no caldeirão de Ceridwen, "eu vou sugar a medula de seus ossos!"

Provavelmente, de uma forma muito tola (pois minha jornada é e tem sido aquela do tolo), gritei: "Eu sei quem você é, você não me engana! Você realmente me ama tanto assim, a ponto de me perseguir dessa forma?" Pois naquele momento eu sabia que estava olhando para a face de Deus e nada mais importava, exceto meu amor por ela.

Você deve acreditar que esse momento inspirado foi efêmero e que eu mais tarde tentei alegar que fui enganada. Mas isso demoraria um pouco. A data na Terra era outubro de 2001. No mês anterior, na cidade de Nova York, as torres gêmeas tinham acabado de ruir, colocando nosso mundo em um redemoinho. E nesse mês, em um país do outro lado do mundo, uma nova mulher entrava na vida do meu marido e alterava nossa família para sempre. Sei agora que eu tinha dado permissão para esse evento ocorrer, um evento tão desastroso e definitivo para mim e meus filhos quanto o fim do World Trade Center foi para os Estados Unidos. Mas só aprendi o significado do convite da Avó Aranha dois anos depois.

Infelizmente, logo antes de celebrarmos nossas bodas de ouro, meu marido seguiu em frente para a vida nova que ele sentia chegar. Chegamos ao fim da nossa estrada, algo que nunca sonhei que poderia acontecer. Nós fomos os melhores amigos e amantes desde os meus 16 anos e os 18 anos dele. Eu não poderia imaginar a vida sem meu esposo.

Essa próxima revelação é a mais difícil de admitir e a mais dolorosa para revelar, mas a compartilho como parte da informação necessária dessa transição pela qual todos passamos. A verdade é que eu tive apenas um falso ídolo na minha vida, uma vida que, de toda forma, era dedicada ao Divino. Esse falso ídolo foi um medo profundo e incapacitante do abandono. Depois de ter sido abandonada aos 2 anos de idade, esse medo habitava cada célula do meu corpo. Foi o último impedimento à união com a divindade que eu sabia que todos compartilhamos, mas raramente vivenciamos.

Foi por isso que me grudei ao meu esposo, como se minha vida dependesse apenas dele. Isso bloqueou o crescimento que eu ainda precisava ter. Pior, vi no fim que armei uma cilada para ele nas redes aracnoides das minhas carências e comecei a viver minha própria vida de acordo com o que eu achava que precisava fazer para mantê-lo ao meu lado. O casamento que parecia tão ideal foi um esconderijo para nós dois. Havia de fato uma sombra escura escondida na luz! O milagre da graça foi, finalmente, expô-la.

Os hindus entendem a deusa Kali como o aspecto destrutivo de Deus, que devora tudo o que precisa ser levado para que a vida possa seguir e florescer.[22] Sua aparência é horrível, e os ocidentais não costumariam pensar em Deus com tal aspecto. Mas eu a conheci, fui devorada por ela e vivi para contar a lenda da transformação que é sua dádiva. Talvez, se você já sofreu profundamente, possa se identificar com o que tenho a dizer. Revelo uma experiência tão privada e íntima apenas por causa de outros que podem encontrar algum senso de propósito ouvindo minha experiência.

A princípio eu não funcionava de jeito nenhum; então, senti como se minhas pernas tivessem sido amputadas. Eu sentia como se estivesse sem uma parte de meu corpo, e como se tivesse uma constante e incessante perda de sangue da ferida aberta no local onde ficava o membro. Muitos meses se passaram até que eu chegasse ao ponto no qual sabia que tinha sido decapitada *e* mutilada metaforicamente. Eu teria de passar anos coletando as partes e lutando para reunir alguns dos pedaços. Sonhos após sonhos me mostraram as feridas que jorravam sangue em uma proporção alarmante. Havia momentos excruciantes em que eu desaparecia completamente do meu senso de existência, e foi apenas com a ajuda de muitos amigos queridos e meus filhos amados que me segurei aos fragmentos de uma vida para tentar reconstruí-la.

Com o tempo – o tempo infame que, segundo dizem, cura todas as feridas, só que não –, passei a aprender que, uma vez que eu superasse a raiz de todos os medos, seria verdadeiramente livre. Aos 2 anos de idade, perdi minha família biológica; depois que meu pai nos abandonou, a mente da minha

---

22. Kali, consorte do Senhor Shiva, é o aspecto poderoso da deusa Durga (Parvati). Ela é a deusa do tempo e da mudança e, embora às vezes apareça sombria e violenta, ela é aniquiladora do mal.

mãe se deteriorou. Meus dois irmãos mais velhos foram levados para outros lares, e então minha perda foi total e repentina. Eu não sabia durante a maior parte do início da minha vida adulta como essa ferida profunda continuaria a vibrar no meu ser. Sempre senti que deveria exagerar para ter a certeza de que eu estava agradando e de que "valeria a pena ser mantida por perto". Meu medo constante, ora consciente, ora abaixo do nível da consciência, era de que as pessoas que eu amava e os amigos que eu tinha, de alguma forma, descobrissem que eu não era boa o bastante para ser mantida por perto.

Esse medo era totalmente irracional, pois eu era uma amiga boa, popular e bem-aceita. No entanto, nunca acreditei que poderia manter a aparente dicotomia entre a pessoa que os outros achavam que eu fosse e aquela que temia realmente ser. Minha vida era uma de tranquilidade externa, e solidão e depressão internas. Eu nunca sentia que poderia relaxar em nenhum lugar. Enquanto digo isso, sei que estou falando de um sentimento muito comum, compartilhado por muitas pessoas, mas raramente declarado.

Para mim, agora, é bem aparente que é preciso expor a mentira que esse mais profundo de todos os medos realmente era. Todo medo baseia-se em mentiras ou mal-entendidos de nossas próprias habilidades e carências. Nós caímos em crenças que não nos servem e, então, somos incapazes de servir ao Todo da forma poderosa e enlevada que deveríamos saber para conhecer esse amor completo e indivisível.

Por todo o tempo rezei, implorei, supliquei para ter nossa vida de volta, mas não era para ser. De todas as formas possíveis sem responder a essa oração, Deus me tratou com tanta ternura como se eu fosse uma recém-nascida. Eu não poderia deixar de notar os vários pequenos lembretes de amor e da presença ao meu redor. No entanto, isso ainda não foi o suficiente para me ajudar a me sentir melhor.

Em comunhão profunda com Deus pela contemplação, eu estava aprendendo as lições do declínio, tão necessárias para qualquer um que aspire à iluminação. Tive de ser levada às profundezas da minha humanidade para vivenciar o núcleo que era a Terra em si e o centro da divindade. O abraço – o abraço mortal da Mulher Aranha – foi o caminho descendente na experiência da imersão total. Ele removeu todos os obstáculos que me separaram da unidade que ainda não tinha experimentado. Eu estava unida com o sofrimento de todas as pessoas, bem como com as menores e mais insignificantes partes da criação. E, no fim, isso se tornou a base da minha alegria e a raiz da minha vida nova.

Dez anos se passaram entre o dia em que encontrei a aranha no corredor no terceiro andar da mansão (bem quando eu achava que estava prestes a descobrir mais do maravilhoso quarto andar, mas em vez disso fui catapultada para o mergulho mais profundo da minha vida) e o momento em que comecei a me recuperar e reentrar na minha vida. Nesse ponto, senti como se eu pudesse seguir em frente e ter uma vida produtiva de novo, mas me pareceu como se eu estivesse quebrada permanentemente, de uma forma irreparável. Senti minha idade mais do que nunca – tinha 75 e não acreditava me restar muito mais vida. Ainda assim, eu poderia sorrir e aproveitar minha família e amigos. E então... eu morri.

Em janeiro de 2012, contraí uma pneumonia grave repentina nos dois pulmões. Fiquei hospitalizada por sete dias, em um estado de fraqueza e doença que assustou minha família e preocupou os médicos. Eu não estava totalmente ciente da gravidade da minha condição, embora estivesse muito doente. Durante as primeiras horas depois de ser colocada no leito no quarto de hospital, passei pela experiência de morte que tentarei descrever. Devo dizer com toda sinceridade que nenhuma pessoa da equipe de atendimento percebeu que eu tinha atravessado a linha. Deve ter sido muito breve em tempo linear, mas o que senti foi bem longo e horripilante.

Eu não vi nenhuma luz, túnel ou entes queridos, como costuma acontecer no relato daqueles que tiveram experiências de quase morte.[23] Em vez disso, fui levada ao inferno ainda viva. Essa parte da jornada foi real, além da tolerância, e insuportável. Apesar da doença, não sentia dor física, mas estava imersa em cenas de crueldade intolerável de um ou mais seres humanos para com outros. Eu não conseguia afastar o olhar nem fechar meus olhos, embora tivesse a certeza de que meus olhos físicos estavam fechados no leito do hospital. Por mais que eu rogasse e implorasse para não ter de ver, fui exposta a cenas explícitas dos horrores mais bestiais. Senti ânsia de vômito várias vezes, pois não podia suportar a brutalidade. O que tornou os eventos tão terríveis foi que eu sabia, sem qualquer dúvida, que aquelas não eram as cenas imaginárias de um filme ou de alguma memória distante, mas aconteciam

---

23. Uma experiência de quase morte (EQM) é um evento no qual alguém sente o espírito deixando o corpo físico e costuma ser relatado depois que um indivíduo é declarado clinicamente morto ou está bem próximo da morte. As sensações descritas incluem sair do corpo, flutuar, serenidade, a presença de uma luz ou de um túnel iluminado e uma perspectiva de eventos sob o ponto de vista de um pássaro, os quais acontecem ao redor do corpo.

de verdade na Terra naquele momento – diante de meus olhos. Não posso provar essa declaração, é claro, mas não há qualquer dúvida nem opinião de qualquer tipo de que eu estivesse testemunhando uma realidade, não um sonho.

Depois do que me pareceu um dia e meio completo, ele misericordiosamente terminou. Então fui levada pelo que pareciam ser dois seres alados para um local que não reconheci a princípio. Embora nunca tivesse lido uma descrição real desse lugar, logo entendi que era o Rio Estige[24] e eu estava prestes a ter a minha vida totalmente extinta. Os seres alados me seguravam pela cabeça e pelos pés, e estavam me abaixando na direção do pântano repulsivo. Eu poderia ver imediatamente que não haveria volta desse lugar de queda. Longe do rio fantástico dos livros de mitologia, era constituído por uma lama amarela lenta, fétida e sulfurosa. Parecia mais uma matéria putrefata que seria tóxica até de se respirar. Eu estava a centímetros de distância e prestes a ser lançada nela.

Alguma função observadora em mim ainda operava, e essa parte foi totalmente mistificada pela situação e pelo meu próprio comportamento, pois eu não me debatia ou lutava de forma alguma. O "observador" pensava: *Com certeza não é assim que Deus quer que eu morra!* Não fazia sentido eu morrer e perder tudo pelo que trabalhei por toda a minha vida, já que podia ver que não haveria nenhum tipo de ressurreição possível depois disso. Mas a "outra" parte de mim apenas se rendeu à escolha e disse: *Está bem, se é assim então...* logo antes de eu ficar totalmente imersa e encoberta pela lama.

---

24. O Rio Estige, na mitologia grega, formava a fronteira entre a terra e o submundo, ou Hades.

Recobrei a consciência aos poucos, fraca demais para até ficar acordada por muito tempo. Conseguia apenas ficar deitada na cama e me perguntar o que tinha acontecido. Fiquei perplexa em me ver viva, mas não tinha palavras para falar sobre a experiência.

À medida que comecei a me recuperar da pneumonia e enfim deixei o hospital, lembrei-me com clareza desse episódio extremamente real, mas não entendi o que era. Demorou semanas e mais semanas até eu começar a entender a coisa momentânea que aconteceu. Não contei aos médicos sobre isso porque eu mesma estava muito confusa com o que tinha acontecido. Aos poucos, os fatos se organizaram, enquanto eu percebia que foi outra experiência espiritual de transformação.

Dizem que as águas do Estige não podem ser coletadas com nenhum recipiente, pois elas dissolvem tudo o que tocam. É outra forma de dizer que a tarefa impossível às vezes pode ser realizada. Essa tarefa, para mim, foi trazer de volta da morte o conhecimento da vida além da vida, permitindo que o recipiente fosse dissolvido e ressuscitasse. Isso parece ter sido, para mim, a experiência definitiva de abandonar toda a fragilidade, toda a história passada, toda a percepção de uma vida antiga e o início da vida no eterno agora. Como mencionei anteriormente, voltei da morte para trazer minha mensagem do que se descobre depois de falecer. E isso nos leva de volta à maravilhosa mansão.

Desde o meu mergulho no rio Estige, uma vida nova tomou conta de todo o meu ser. Dezesseis meses depois, enfim, fui aceita no quarto andar da mansão nas Plêiades. Foi onde descobri baús que transbordavam com o tecido da criação.

Recebi uma orientação quase constante sobre a forma com a qual devemos construir a Terra juntos, usando nosso próprio caos para tecer o futuro. Precisa-se apenas de uma escolha e da tecedura dedicada para criar de novo, a partir do que nosso planeta forneceu.

Aprendi que o medo é absolutamente inútil e que tudo pode ser resolvido desse plano mais elevado. Espero que você se reúna comigo aqui logo e faça por si mesmo as descobertas salvadoras.

Capítulo 12

A Primeira de Muitas Mansões

Neste mundo em que agora vivo, essa primeira de muitas mansões, é possível estar em contato com as memórias e sensações de toda a raça da humanidade. Apenas um pequeno vislumbre no quarto andar dessa realidade me lembrou de muitas coisas que pareciam perdidas para o nosso conhecimento coletivo. Eu tentarei traduzir em linguagem humana o segredo radiante e feliz por trás da nossa criação. É hora de revelá-lo àqueles que podem recebê-lo, pois todos nós estamos na beira de um grande salto de ascensão para a nossa herança maior e o conhecimento dessas verdades momentâneas.

Nas névoas rodopiantes e no caos das estrelas não nascidas, em um mundo que ainda não é um mundo, em um tempo antes do tempo, o Uno tinha uma imagem que poderia, mas não poderia, ter. Nas profundezas do vazio que ainda não era um vazio, no seio de um ser que ainda não era um ser, lá colocou ordem no caos. A beleza levantou sua voz, que ainda não era uma voz, e gritou de dentro do nada para o coração que ainda não era um coração, até que ele ouviu o grito.

No lugar pré-verbal que não era um lugar, verbo e resposta encontraram criação um no outro. A imagem tomou forma e a forma foi denominada Imaculada Conceição. Sobre a abundância ilimitada do caos, a imagem foi chocada, até surgir algo que poderia ser conhecido como tempo e um lugar, diferenciados dos fios e fragmentos do nada. O ser agora era um ser e a voz era uma coisa cristalina da beleza que gerou o Verbo.[25]

No [que nós chamamos] princípio era o Verbo;

O Verbo estava na presença de Deus, e o Verbo era Deus.

[O Verbo] estava presente para Deus no início.

Por ele [o Verbo] todas as coisas foram geradas,

e sem ele nada do que foi feito se fez.

Tudo o que foi feito nele [o Verbo] encontrou vida,

vida pela luz dos [seres criados].

A luz resplandece nas trevas,

as trevas que não a compreenderam.

João 1:1-5.

Até agora, só comecei a abrir e examinar os conteúdos dos baús maravilhosos guardados aqui nesta casa da primeira mansão. Aqueles que abri não podem ser fechados de novo, pois seus conteúdos estão prontos para se apresentar. Eles têm um tecido rico, suntuoso. Como se estivesse vivo, o tecido quase

---

25. Desde o início da era cristã, o Cristo é chamado de *logos*, "verbo" em grego.

espuma para fora dos baús abertos. Na verdade, *está* vivo com as cores do açafrão e das rosas, assim como o cobalto dos mares profundos, o delicado verde dos brotos novos, os granitos de cor cinza, os vermelhos e amarelos dos arenitos, os sussurros prateados do olival, o brilho negro da obsidiana e o quase branco da casca encrespada da bétula. Como você pode imaginar, as cores estão além de contagem ou denominação.

Isso é a sobra de tecido na abundância do caos. O caos continua a se enrolar até hoje. Ele fixou residência aqui, no campo da criação, pois tem um tesouro para nós, ainda pronto para ser tecido como mais coisas. O Santo Amor (pois este é outro nome para aquele que encontrou seu ser na dança da parceria e do êxtase) usou todo o material necessário para criar o planeta turquesa e todo o seu sistema solar, com Hélios como sua estrela central. Ele era cercado por camadas de proteção para que a vida e o amor pudessem surgir lá.

O que devemos entender é que o caos ainda é uma parte da experiência terrena. Mas é como a escuridão dominada pela luz. Em cada um de nós há escuridão e caos em uma proporção inacreditável para nossa existência uniforme e ordeira. Em cada um de nós existe uma escuridão aguardando para produzir energia e material brutos para a criação contínua. Cada um é convidado agora a abrir baús guardados dentro de nós com material o suficiente para continuar a construir a Terra e seguir em frente para abençoar as regiões silenciosas do espaço. Nós irradiaremos a luz da nossa consciência no caos, essa escuridão, e a escuridão não prevalecerá!

Por muitas eras futuras, os filhos da Terra, filhas e filhos do casamento sagrado entre divindade e matéria, construirão e criarão os prometidos novos céus e terra, e espalharão a mensagem e a alegria da unidade por todas as galáxias, quando aprendermos a desbloquear o material armazenado, as maravilhosas fibras de amor codificadas no nosso DNA. Todas as respostas, todos os pequenos passos ilusórios das novas tecnologias e sociologias já estão lá. Então, como começamos a encontrar os baús de tesouro e as chaves?

Se você leu sobre a minha própria aventura até aqui, é uma pessoa que sabe como procurar. Você já sabe que o caos no exterior pode apenas ficar completo encontrando paz dentro de si. O caos cria a dor e a dor cria questões. As questões levam à busca e a própria busca é o que nos transforma naqueles que encontram a casa maravilhosa de muitos andares. Essa é a casa onde a alma é soberana e o corpo é seu receptáculo vivo, orgânico e vibrante. Aqui é onde se fazem as muitas descobertas e cada aspirante será levado a tarefas individualizadas, um por vez.

O que levou eras, enquanto a consciência dos seres humanos aflorava, pode ser conseguido agora relativamente rápido, quando entendemos o processo. Pode ser mais rápido agora, porque nossas memórias começaram a retornar e nós reconhecemos, com um solavanco de "aceleração", quando ouvimos a verdade falada e quando algo pertence ao nosso conhecimento.

Há outro fator, ainda mais importante, na velocidade na qual podemos aprender agora: nossos corações despertaram. Nós progredimos pelo despertar à consciência da raiz e dos chacras sexuais, passando pela abertura do chacra do poder e chegamos, finalmente, ao limiar onde a maioria de nós experimenta a abertura maior do chacra cardíaco.[26] Esse é o ponto no

---

26. Chacras – palavra que significa "roda" em sânscrito – são pontos no corpo humano considerados centros da força ou energia vital (prana). Segundo a opinião geral, existem sete chacras principais no corpo humano, da raiz no osso sacro à coroa no topo da cabeça.

qual podemos nos tornar totalmente conscientes e cientes de quem somos. Não precisamos mais ficar presos à ilusão da separação, mas podemos começar a realmente ver a nossa extensão em cada parte da criação. Ainda não descobrimos, como uma raça, o que deve ser feito para parar nosso sofrimento coletivo. Mas agora colocamos os dois órgãos de inteligência para trabalhar no problema: nossos cérebros e nossos corações inteligentes. Isso é um passo gigantesco para a frente.

Logo perceberemos que deve haver muitos, muitos aspirantes dispostos a explorar o caos e a escuridão da condição humana inconsciente. Nós fazemos isso um por vez, aceitando que cada um tem uma fatia da "matéria negra" inexplorada dentro de nós. Esse trabalho será feito, na maior parte, depois da nossa ascensão aos planos pleiadianos. Mais uma vez, lembramos que isso não quer dizer deixar o planeta Terra, mas elevar toda sua experiência a um plano superior da experiência biológica vivida. É aí que nossa próxima grande tarefa será realizada com inteligência, compaixão, luz e habilidade. Encontraremos as meadas de fibras brutas e caóticas aguardando por nós, e teceremos com elas *habitats* gloriosos para todos.

Conforme nossos corações ficam mais abertos agora, nós mudamos. Estamos desenvolvendo a capacidade de trabalhar tanto dentro como fora das limitações da forma, lembrando que há mais para a identidade do que o corpo físico refletido no espelho. Podemos perceber agora o imenso espelho da criação, além até da fisicalidade dele. Podemos escolher abrir nossos olhos e ver a imagem maior do "eu" e perceber que "Eu SOU". Podemos perceber que estamos aqui em forma porque é o plano concebido – imaculadamente concebido – no amor ilimitado.

Eu falo como alguém enviada antes para lhe contar o que testemunhei. Você pode acreditar em mim ou não, mas logo verá por si que, além das fronteiras e dos limites da forma, ainda há o "eu". Fora das leis da física, da biologia, da geologia e de todas as incontáveis leis das "logias" que governam a manutenção da fisicalidade estão os baús de tesouro, que contêm o material para a segunda emanação da criação. O melhor ficou guardado para "depois".

Ficaria mais simples se eu tentasse dizer dessa forma? Nós não somos apenas fisicalidade: de longe, a maior parte da nossa maquiagem é não física e eterna. Nós temos as chaves para esse mundo maior na nossa biologia. Ainda estamos evoluindo e esse ponto é para onde o futuro nos leva. Nós aprenderemos a solapar os recursos internos de formas que ainda não percebemos ser possíveis. Primeiro, não temos de morrer e passar para os planos que muitos dos nossos companheiros viram em experiências de quase morte. Esses planos estão ao nosso alcance biológico; estamos programados como seres humanos vivos para visitá-los e trabalhar neles.

Foi lá que passei a viver, e para onde eu o convido a vir e ver. Embora eu escreva na prosa floreada desejada por meu coração, também vejo e sei com meu intelecto humano que essas coisas são possíveis e estão acontecendo a pessoas o bastante para que nós possamos proclamá-las com segurança como o próximo salto na evolução, chegando a um cinema perto de você – logo!

É uma tremenda tarefa de coração e vontade dedicarmos nossas vidas a esse trabalho de construir a Terra e iniciá-lo enquanto ainda estamos em forma. Muitas pessoas já vivem essa dedicação sem nem mesmo saber como são abençoadas e que há ainda mais ajuda para elas por vir. Várias outras ainda estão trabalhando conosco do outro lado da cortina que parece nos separar, mas não pode. Encontrei muitos desses seres maravilhosos, alguns ainda em seu disfarce humano. Mas a verdadeira boa notícia é que temos tudo de que precisamos para fazer o trabalho agora. Os segredos há muito esquecidos estão sendo lembrados e as antigas escrituras seladas estão sendo desvendadas.

O planeta Terra é o viveiro para a rosa que já floresceu totalmente no pleroma, a totalidade da visão divina. Nós temos vivido as experiências da infância, até a pré-adolescência, na nossa consciência. Da mesma forma que uma criança pode entender as complexidades de um mundo adulto, nós compreendemos todo o nosso potencial.

Somos seres espirituais que passamos por uma experiência na forma e, assim como bebês, acabamos aprendendo o que é para nosso próprio bem; nós também estamos aprendendo. As crianças fazem e devem pensar em seus próprios interesses primeiro, mas, aos poucos, percebem que compartilhamento e compaixão também são importantes para seu próprio bem-estar. Precisa-se de muita maturidade para chegar ao ponto no qual o coração se abre totalmente aos melhores interesses dos outros.

A maioria das crianças, em um ou outro momento, ataca física ou verbalmente seus pais, embora elas os amem. Em geral, elas logo se arrependem, pois fazer isso machuca seus corações inocentes. Nesta Terra, onde estamos espalhados e somos cuidados, precisamos de modelo e orientação. Por fim, aprendemos que ferir cada um de nós fere a todos. Uma única folha desnutrida deforma toda a planta. O aprendizado vem em passinhos de bebê aqui, e ali há muitas vezes uma grande resistência, porque nossos corações e olhos não se abriram totalmente para ver o princípio do Uno. Cada um de nós foi ganancioso e insensível em algum momento, mas temos paciência com as crianças e estamos aprendendo a ter paciência conosco também.

Por mais sofisticados, maduros ou poderosos possamos achar que somos, "quem liderar deve servir ao restante". Esse é o único poder verdadeiro que existe; o resto é apenas o pavoneio de crianças experimentando papéis e testando seus dons.

É hora agora para aqueles que despertaram mais totalmente realizar o próximo passo do nosso crescimento. A palavra é usada de propósito – *real-izar* – tornar real nosso potencial interior.

Nós estamos no ponto decisivo de uma era e prestes a dar um passo gigantesco na evolução. Para quem estiver pronto – e você saberá se estiver –, estamos passando para o passo chamado "ascensão". A ascensão acontece enquanto abrimos totalmente nossos corações. As Plêiades estão fortemente relacionadas à Terra, e é a primeira das muitas mansões que foram preparadas para nós pelo Uno que foi antes de nós para fazer isso. O trabalho dos seres de lá é continuar a ascensão, ensinando-nos cada vez mais mistérios do coração.

O coração é o órgão do amor, e a Terra é e será o órgão do amor no cosmos. Os Pleiadianos entendem os trabalhos mais profundos do coração, e estão conosco para nos guiar na direção desse conhecimento sagrado e profundo. Você entenderá que todas essas palavras são metafóricas, no sentido de que nós não abandonaremos nosso lar e joia terrena, nem o mundo acabará enquanto ascensionamos. Nós estamos só aprendendo a ampliar nossa consciência e a viver nos vários planos ao mesmo tempo. Já vivemos em vários planos, mas na maior parte das vezes não sabemos disso. A ascensão significa que teremos uma consciência do próximo plano enquanto permanecemos na Terra.

Isso não é algo a ser aprendido da noite para o dia; no entanto, o tempo será encurtado para que a raça humana possa sobreviver à troca. Quanto mais cooperarmos com as muitas mudanças que perceberemos em nossos sentidos e nos modos extrassensoriais, mais fácil será fazer a transição.

Por repetidas vezes, a Santa Mãe veio até nós e tentou nos preparar para este momento. Em muitos lugares, por toda a Terra, ela veio nos ensinar coisas para apoiar essa mudança. Uma coisa que ela repetiu várias vezes é que o mundo não está terminando, mas que nós vivenciaremos o fim dos tempos. Eu posso escrever mais sobre isso no futuro, contudo, é isso o que ela quer dizer, basicamente: nós aprenderemos a viver no momento presente. A história não será mais o que é agora. O único momento de importância será o momento presente, um por vez. Para fazer isso, devemos deixar todos os outros momentos correrem; renunciar a eles, não mais carregá-los nos nossos ombros. Aprenderemos a verdadeira liberdade conforme nos rendemos ao momento presente.

Quando nossos corações se abrem – lembre-se de que essa é a chave –, literalmente ganhamos acesso a tesouros antes desconhecidos. Há uma proteção embutida nas grandes quantidades de material acessível para nós. Sem o coração totalmente aberto, a coragem que encontraremos disponível para nós, e a motivação e a ambição em novos níveis seriam muito perigosas e contraproducentes. O conhecimento e as habilidades para usar os materiais acessíveis para nós seriam desastrosos nas mãos de crianças rivais. Ao crescermos, aprendemos sobre imaginação criativa e a curar as feridas que incomodaram e distorceram nossa formação. Recebemos os meios para ter uma nova imagem, intocada por tendências e preconceitos, de uma Terra evoluída, aperfeiçoada, pacífica e saudável, e dar-lhe vida.

O material criativo do universo, ainda disponível desde que as estrelas irromperam do vazio, é colocado em nossas mãos. Isso é o que acontece no primeiro céu. Nós, que já ascensionamos, vimos por nós mesmos e estamos aprendendo a trabalhar com o que trouxemos para cá da Terra pela Espiral Azul. Alguns de nós ainda vivem em corpos na Terra e outros passaram para níveis mais elevados, enquanto ainda mantêm uma presença aqui. Recebemos acesso ao plano maior para a Terra desde que sejamos capazes de entendê-lo. Agimos como guias, mentores, arquitetos, zeladores e com muitas outras capacidades para ajudar aqueles de vocês que estão lá para construir a Terra. Às vezes nos chamamos de "cochichadores da Terra", um termo que adaptamos da nossa linguagem! Estamos aqui, somos reais, ainda nos importamos – e, mais do que isso, nós os amamos. Logo você verá, assim como nós, que amamos "nós", o Uno, o Todo. É um deleite eterno!

E este é apenas o primeiro céu. Assim como ainda entramos nas aventuras do planeta turquesa, outros que estou começando a conhecer vêm até nós de mundos superiores. O aprendizado da nova informação feliz que eles trazem não tem fim. Talvez um dia eu seja capaz de escrever sobre alguns desses planos superiores, ou talvez não haja necessidade, pois um coração desperto pode aprender tudo de que precisa e deseja saber no seu tempo exato.

Capítulo 13

Mais Fundo no Mistério

Se você já entrou na casa maravilhosa nas Plêiades, conseguirá perceber as diferenças sutis entre essa e sua antiga experiência de vida. Primeiro, a atmosfera é convidativa, como um chamado para se aproximar. Se você está, pessoalmente, no sofrimento ou na alegria, nutrindo grandes esperanças ou lutando com a angústia sombria, o fardo é um pouco mais leve. As paredes parecem fortes, com uma paz permanente, e os corredores estão impregnados de uma esperança profunda. Isso é porque você não pode entrar aqui antes de saber que é amado, aconteça o que acontecer, e que o Santo o apoia em todos os momentos, na tristeza e na alegria.

Há inúmeras formas de explorar a mansão, mas escolherei uma, que você pode preferir seguir apenas nesse passeio de orientação. Lembre-se, no entanto, de que, quando você e a causa estiverem prontos, logo será atraído para suas salas na ordem que for melhor para você. Ninguém mais pode conduzi-lo neste momento.

Então nós começamos novamente com o pequeno vestíbulo. Você é convidado a ficar alerta à matéria viva que forma suas paredes, pisos e aberturas de formatos singulares. Inspire seu ar vivo e saiba que ele é sensível e cresce, transforma-se, assim como você. Se prestar atenção, já pode captar o tênue aroma da rosa à qual ele serve, ainda invisível neste momento.

Entramos em seguida no átrio espetacular à nossa esquerda. Se você nunca entrou aqui antes, perceberá na hora que é um solo sagrado. Nós temos todo o tempo do mundo, então pare e observe bem. A Fonte da Água Viva agracia o centro do cômodo com um borbulhar sobrenatural de luz e som aprazível e tranquilo, lembrando antigos oceanos e nascentes de água doce em maio. Você ficará surpreso ao perceber que está observando, como se fosse pelas lentes gigantescas do telescópio Hubble, a iminência da criação, microssegundos depois de o Verbo se fazer forma.

Você vê as 13 mulheres, em um círculo, que recebem essas águas em seus cálices de cristal. Veja bem quando uma delas segura sua taça na beira da fonte para ser preenchida e a oferece a você, o recém-chegado. Note o cálice, que você percebe ser de um diamante puro, forjado na alquimia do cosmos estelar, refletindo a luz até ofuscar o cômodo com cores além da capacidade humana de compreender. Estenda suas mãos com vontade e amor para receber a oferta.

Enquanto sorve o puro elixir do amor, você pensa em como mal percebeu sua própria sede até agora e como essa água promete nunca o deixar com sede de novo. Junte suas mãos, então, em um gesto de *Namastê*, e curva-se humildemente à presença que assim o saudou.[27] Você recebeu um presente incrível. Enquanto se afasta do aposento, ainda está surpreso por ter

---
27. Namastê é uma saudação hindu comum. Acompanhada, em geral, por uma leve reverência com as mãos unidas, com as palmas juntas e os dedos apontados para cima, significa: "O Deus que habita em mim saúda o Deus que habita em você".

olhado na taça que *é* o próprio universo no qual você vive, movimenta-se e tem seu ser, além de ter sido abençoado de beber dele na sua vez. Você sabe agora, enfim, que ele contém tudo de que você precisará ou o que desejará. Você agradece em silêncio a criatura que o segurou em seus lábios – sua própria alma.

Algum dia, você poderá ser convidado a ficar naquele lugar segurando a taça e oferecendo a água da vida. Quando chegar esse dia, poderá escolher aceitar ou não a oferta, pois a taça já é sua, como parte do Todo. Você/nós criamos esse Átrio Sagrado/Jardim da Taça por ora, para aprender os conteúdos preciosos que temos e oferecer a outros peregrinos. Um dia, podemos escolher manifestar uma realidade diferente para aqueles que virão. É tudo uma grande aventura no nosso eu mais profundo.

Quando estiver pronto para recomeçar o passeio, nós seguiremos para o Salão das Espadas. Você pode ficar tentado a achar que esses dois cômodos sagrados representam uma separação entre mulheres e homens nessa mansão. É hora de perceber que cada um de nós, encarnado ou não, presente na Terra como uma mulher ou como um homem, passa pelas duas iniciações, a da Taça e a da Espada.

No átrio, você viu os aspectos femininos de todas as pessoas que chegaram à consciência de serem copeiras. Essa é a capacidade feminina na qual elas entram na formação criativa do universo. Por meio dessas manifestações femininas do coração, o universo oferece tudo o que tem, e é para qualquer viajante que pede por seus presentes preciosos.

No segundo cômodo, você verá os aspectos masculinos de todo aquele que aprende a tomar a espada e despertar suas verdadeiras responsabilidades. Você já sabe a dedicação profunda que esse lugar representa. Falemos agora do tremendo sacrifício que essa sala oferece à sua testemunha eterna. Não há como despertar o poder da espada sem um grande sacrifício, pois ela exige juízo. A espada é um instrumento de discernimento, acima de tudo, e de compromisso também. A forja da espada é feita no fogo sagrado que queima, mas não consome. É o trabalho de uma vida ficar perto, e às vezes no fogo, preparando o instrumento do seu trabalho dedicado na construção da Terra.

A espada só toma sua forma quando cada ser dedicado deixa o fogo da forja sagrada queimar tudo o que for estranho à vida, para o que somos chamados por amor. Esse é um chamado para apoiar algo que vale a pena manter, amar e moldar. Às vezes, parece uma privação e uma purgação, mas essas perdas nos transformam em um aço mais forte para estarmos prontos para descobrir as verdadeiras riquezas da nossa vida compartilhada no Todo. Não falo de alguma recompensa na vida após a morte, mas de abundância no plano terreno nos muitos níveis que descobrimos quando nos tornamos o instrumento forte e resiliente da nossa reaparição planetária. À medida que a espada fica enorme, forte e eterna, o aspecto masculino do nosso ser cresce para cumprir e servir aos desafios da vida a ser vivida no planeta Terra; iniciada, mas não encerrada lá.

Enquanto o aspecto feminino de cada um de nós está descobrindo as maravilhas de cura e relativas da taça, o aspecto masculino em cada um de nós descobre o poder ativo da espada enquanto a forjamos e, em seguida, a usamos para proteger a parte do jardim que recebemos para servir. Esse grande salão é o lugar em que cada um de nós esteve ou será trazido para fazer nossa consagração ao trabalho de construção da Terra e à jornada que ainda nem começamos a compreender. Assim como as mulheres que seguram a taça não costumam estar cientes, na sua vida cotidiana, do lugar sagrado que têm nas Plêiades, os homens que forjam as espadas não estão cientes, na sua vida cotidiana, da razão para as lutas e os sacrifícios exigidos deles. Entretanto, ambos os processos incríveis são contínuos e edificam nossa formação.

Portanto, depois de cada um completar o grande trabalho de produzir sua arma, ela é colocada aqui no Grande Salão. Fora da visão de seu fabricante, ela retém eternamente o fervor e a dedicação do compromisso original feito por seu forjador e gera esse poder para esse ser encarnado, melhorando o trabalho feito onde quer que esteja daquele momento em diante. Ela não se deteriora, nem perde seu brilho. É uma coisa que seu criador pode saber e sentir às vezes apenas pela fé, uma vez que seja produzida com consciência.

A espada e a cruz são uma, se a pessoa puder receber essa verdade. A cruz é o símbolo visual da realidade terrena, com suas polaridades e aparentes contradições. O trabalho de construção da Terra implica desentender-se com essas polaridades e deixá-las se resolverem em algo maravilhoso e novo, além das atuais três dimensões. Será necessário um grau bem elevado de consciência espiritual para, finalmente, resolver essas contradições sem bani-las, mas o Cristo e os outros, que são todos parte da Presença Divina Única, já moldaram o caminho. Só nos resta entender o que eles nos mostraram. A quinta dimensão, o caminho da "expiação", está no centro da cruz, segurando um lugar que não se move. Ainda é um ponto no qual todas as facetas do Uno podem cristalizar ao seu redor, em toda sua diversidade e singularidade, e serem bem-vindas, celebradas, consideradas preciosas. O dia virá, pois somos chamados para o alto: "Amigo, venha e receba a herança reservada para você desde a criação do mundo!"

A espada é uma imagem daquele lugar que nós devemos considerar o centro e ficar nele, sem nos movermos. Quando está unida ao espírito feminino do relacionamento e da receptividade, pode ficar imóvel, mas flexível. É um paradoxo que só pode ser entendido por aquele que foi forjado no fogo e refrescado pela água. Tenha paciência, pois essas coisas não são segredos para serem guardados, mas experiências que podem e serão aprendidas.

Pare, se quiser, e examine de perto as armas imensas penduradas aqui. Ela é uma das suas? Você já a produziu e precisa apenas acreditar nela? Ou essa experiência está adiante de si? Se, e quando, você for levado a essa sala na sua busca, não hesite, pois esse é o caminho para o futuro da Terra e todas as suas jornadas relacionadas. Deus dá asas para seus pés e para o seu coração para vir aqui se juntar à grande forja do futuro!

Se você estiver pronto para entrar na biblioteca, eu lhe mostrarei o local. Mas, por favor, saiba que essa sala precisa da sua sorte. Se você voltar aqui depois, será porque foi convidado e significará um capítulo maravilhoso, intenso, dedicado na sua vida, vindo aqui encarnado ou em outra forma. Deixe-me explicar.

Eu espero que você fique animado, caso se sinta atraído a entrar aqui, pelo fato de que muitos, muitos de nós conseguimos fazer a tarefa desse lugar enquanto ainda estávamos encarnados, e continuávamos a lidar com outras tarefas e relacionamentos nas nossas vidas. É um trabalho fascinante e muito gratificante, tanto quanto é exigente. Assim como tudo, se sentir o chamado a fazer isso, será uma felicidade e você será agraciado por fazê-lo. Às vezes, você também se perguntará por que decidiu vir aqui. Quais das nossas muitas escolhas não são assim?

Enquanto entramos na linda biblioteca dessa mansão, nós provavelmente notaremos, a princípio, os quadros pendurados em todas as paredes. Há uma mensagem importante codificada nas imagens lá, como você descobrirá quando tiver passado bastante tempo aqui. Essas imagens são na verdade memórias que foram reunidas, reverenciadas e consideradas por toda a linhagem da nossa humanidade. Um evento não termina com o fim de uma história, como imaginamos. O evento se torna uma imagem, gravada nas células do nosso físico, e nos funcionamentos da nossa psicologia e da nossa espiritualidade. Ele se torna uma espécie de mito, às vezes, ganhando numinosidade, enquanto se expande em nossa consciência. Pessoas, lugares e coisas se tornam algo mais, à medida que o evento se mistura com nossas faculdades imaginativas. Isso acontece porque somos seres químicos, elétricos e gravitacionais. A vida na Terra é um redemoinho constante de informação para os sentidos, moléculas de DNA, química e o que consideramos fantasia.

Estamos construindo a Terra de acordo com a forma que todos os cristais se desenvolvem. Cada novo pedaço da realidade se cristaliza em volta de algo que já está lá. Esse é o padrão da vida terrena. Se buscamos pelos padrões, nós os encontraremos, apesar das muitas formas nas quais eles estão ocultos na urdidura e na trama da experiência pessoal. Procuraremos por padrões nas imagens e descobriremos o maravilhoso processo de cocriação.

As imagens são o principal componente do que estamos construindo. Todas as mensagens e a orientação de que precisamos para evoluir mais estão em nós. O padrão para os novos céus e a nova Terra já estão lá. Verdade e beleza, um novo físico, uma forma mais sutil de matéria se cristalizam lentamente em volta dos nossos padrões interiores.

A imortalidade da história não é sobre "quem" fez "o que" e "quando", porque há apenas o agora e nós. A dádiva real da história é sobre origens, ideais e raízes, crenças culturais e os padrões que estão por baixo dos tecidos multicoloridos das histórias.

Pois sempre que os poderes da alma entram em contato, eles começam a trabalhar e fazem uma imagem e um retrato da criatura, que eles absorvem. É assim que eles conhecem a criatura. Nenhuma criatura pode se aproximar mais da alma do que isso, e a alma nunca se aproxima de uma criatura sem ter primeiro tirado por vontade própria uma imagem dela em si.

Meister Eckhart (c. 1260-1328 d.C.)

De certa maneira, isso é quase totalmente inexpressível, a alma aprende como é ter um corpo, ser humano, sentir emoção. Ela se deleita com essas experiências, e nos ajuda a aprender (por isso é que fomos "enviados") e captar essas experiências. Elas estão sendo tecidas em uma forma mais sutil de materialidade que pode ser "assumida no céu". Tudo que for genuíno na nossa experiência terrena estará presente de uma forma mais rica, à medida que cocriamos a nova Terra, a realização do jardim.

Então sou lembrada, repetidas vezes, a exaltar e cuidar da minha humanidade, corpo e alma, corpórea e espiritual, e trazer a essência sutil dessa criatura cuja vida eu agora vivo enquanto ascensiono. Fazendo isso, trarei toda a humanidade comigo no Cristo (ou em qualquer nome que você quiser chamar esse Santo que veio e virá) de volta na Fonte. Eu farei o que Maria, a Santa Mãe, fez, e só posso fazer isso porque ela fez e abriu o caminho para nós. Como Jesus fez, também prepararei um lugar para você que não pode vir imediatamente em seguida, e só posso fazer isso porque primeiro ele preparou um lugar para mim.

Parece que, por eras, os seres humanos desejaram alguém que passasse pelo véu para o outro lado, para lhes contar o que encontrou lá. É importante que você perceba que este livro não está sendo "canalizado" por alguém no outro lado, mas é escrito a partir de uma experiência de primeira mão por alguém que está viva agora e ascensionou para o próximo nível.[28] É escrito com a permissão do Santo para falar agora, para que você possa acompanhar, se estiver pronto. Pode ser que estas palavras apenas plantem sementes em seu coração e mente, que crescerão em seu tempo e o ajudarão. Não importa de que forma acontece, pois alguns ouvirão agora e seguirão, e outros depois, tudo em seu tempo perfeito. Depois de passar pelo portal do coração

---

28. A canalização é o processo de receber inspiração ou mensagens de seres espirituais ou entidades, muitas vezes destinadas a outros, que são transmitidas verbalmente ou por escrito.

aberto, vivo agora na Terra, mas estou sempre em contato com a quinta dimensão. É para lá que todos vamos.

Por que certas imagens de pessoas, ou deuses, ou heróis (ou heroínas) captam nossa imaginação e ficam maiores do que a vida e mais inspiradoras quando olhamos para elas? Já estamos vendo a realidade do "quem" somos, mas ainda não conseguimos reconhecer a divindade dentro de nós. Mas a grandeza e o esplendor já estão lá, vivendo em nós, nos amando, ajudando nossos componentes mortais densos a se tornarem a possibilidade para o reconhecimento. Enquanto continuamos a reverenciar as imagens que adoramos e nos inspiram, elas estão atraindo mais do mesmo para nós, assim como o cristal atrai para si mais de seu material semelhante. O novo mundo está cristalizando ao redor do núcleo que estamos construindo com essas imagens. Embora façamos esse processo sozinhos, acrescentamos muito ao dinâmico novo mundo, passando a existir agora. A verdade é que cada um de nós deve fazê-lo sozinho, independentemente de os outros trabalharem conosco por esse objetivo, pois tudo depende do esforço individual.

O material de construção para a criação é sempre o caos. Quando há caos, temos um amplo material para moldar a ordem e a beleza. Os mitos de criação de todas as culturas nos narram uma ou outra versão do mundo originário de alguma forma de caos. Hoje temos caos quase suficiente para construir qualquer coisa que desejarmos, se não deixarmos de perceber nossa Fonte divina. Somos persuadidos e estimulados a despertarmos para nossa herança gloriosa.

Como devemos trabalhar melhor com o que já temos? A semente divina cai no solo da Terra para se materializar. A

Terra é o viveiro para a rosa, como foi dito antes. Mas cada semente individual cai no solo que for melhor para seu crescimento individual. Ela cai em uma cultura, uma nacionalidade, uma sociedade baseada na fé ou não, uma família e uma família global também. É importante que cada um se desenvolva até uma representação única da divindade neste Planeta Materno. A diversidade é o que deixará a nova criação forte, saudável, vibrante e interessante. A combinação do espírito (divindade) e matéria (fisicalidade) é um casamento que gera o verdadeiro Messias, se preferir. O Uno prometido de eras é o que gesta em nós, ao mesmo tempo desafiados e assistidos pelo crescente caos.

Estude suas próprias imagens culturais, aquelas da sua fé, das lendas de seus heróis e heroínas. Cultive as imagens no seu coração e colete outras novas, quando elas chamarem sua atenção. Aprenda quem você é na sua singularidade, permitindo padrões e juntando os fios para mesclar e sintetizar em você quando eles se apoderarem da sua imaginação criativa. Veja se pode traçar a continuidade para si mesmo e o seu clã, como as pessoas fazem desde antes da história registrada, ouvindo e lendo as histórias. Encontre padrões que revelem o macrocosmo oculto no microcosmo.

Peça a orientação de seres avançados que caminharam pelos caminhos da Terra antes de você e foram orientados para as maravilhosas verdades secretas. Eles podem ajudá-lo a aprender quem você é, no sentido eterno, e lhe dar uma visão muito mais ampla da qual observar seu corpo e mente temporais crescendo e buscando. Você pode aprender a ser tanto o observador como o observado. Desenhe ou pinte da sua imaginação, sem se importar com a aparência, mas apenas com o que o desenho provoca na sua alma. Desenhe e pinte até que tenha encontrado sua própria verdade e possa pendurá-la aqui nas paredes das Plêiades. Ou componha suas canções, poesia ou música da mesma forma – só para seus ouvidos, até sua alma responder e cantar de volta para você uma canção para ouvir na eternidade.

Nós estamos aprendendo caminhos inteiramente novos, caminhos que são, na verdade, tão antigos quanto o tempo. Pratique o novo até todos nós começarmos a ver o deserto florescer e a nova criação surgir do vazio caótico.

No meio de todo esse trabalho significativo e importante de construção da Terra, você descobrirá o segredo da *merkabah* – a incrível cadeira que é a carruagem voadora, para levá-lo a outras realidades. Como disse, não posso levá-lo lá. Apenas seu trabalho diligente e dedicado a revelará a você. É um segredo de empoderamento que está velado daqueles que o usariam para ganho próprio ou propósitos frívolos. Mas aqueles cujos corações estão centrados no Uno serão levados a cada instrumento e assistência necessários. Você não entra nessa biblioteca até e ao menos que tenha decidido se dedicar ao trabalho, à sua maneira.

Está pronto agora para revisitar a Sala de Reuniões? Nós passamos por ela bem rápido na primeira visita. Agora devemos ver com um pouco mais de atenção o que acontece lá. Para entender melhor, pode ajudar falar de novo da Imaculada Conceição, que é o Plano Divino para a Terra, se bem compreendido. Lembre-se de que esse é um nome que pertence a toda materialidade, não à Igreja Católica ou a qualquer outra organização. Ele não pertence exclusivamente nem à Mãe de Jesus, se puder compreender isso. Ela é o ícone do título, a imagem que foi projetada para acelerar nossa consciência do que é o mundo criado aos olhos de Deus. Não importa qual seja seu nome para Deus ou que fé siga, essa é uma metáfora. Por favor, não a confunda com a doutrina de uma religião específica, ou você não conseguirá acompanhar a verdade oculta e revelada nela.

A Imaculada Conceição é uma visão da realidade (física) criada que revela a forma como Deus tanto a ama e a estima. Da maneira que Maria de Nazaré foi capaz de conceber Jesus porque ela tinha um corpo físico, a própria Terra concebe e gera um nascimento divino por meio dos corpos que vivem, crescem e morrem aqui. A Terra (matéria) é a parceira amada do espírito, como foi declarado antes dos tempos. Assim como Maria é declarada a Mãe de Deus, toda a Terra está gerando de verdade o corpo de Deus de uma forma muito mais cósmica, mas que segue o padrão no qual Jesus e Maria verdadeiramente viveram.

Nós completamos em grande parte nosso relacionamento infantil com o universo. Entramos agora na era da parceria real, um com o outro, e com Deus. Só nos resta aceitar e viver esse privilégio e poder enormes. É hora da nossa ascensão ao próximo nível de participação consciente, no trabalho de construir e manter a Terra e nutrir a divindade em gestação entre nós. Em verdade, essa criança está acelerando, e já é uma presença viva e milagrosa entre nós. É esse eu interior divino que agora informa e direciona nosso futuro crescimento. Cristo retorna em nós – em glória!

Creio que um grande sinal dessa aceleração cósmica da gestação da Criança Divina tenha sido dado no dia de Natal, em 2012, na pequena vila de Medugorje, Croácia, onde Gospa (nome que ela deu para si), ou Nossa Senhora de Medugorje, aparece desde junho de 1981. Esse aglomerado de vinhas e romãzeiras está repleto do simbolismo das parábolas da vinha que ouvimos na Escritura. A Senhora da Vinha apareceu lá para permanecer como uma presença, vigiando esses anos da grande colheita, anos de sintonizar com a silenciosa orientação interior que salvará nosso mundo do caminho que ele parecia condenado a seguir. Ela está supervisionando a mudança evolutiva pela qual passamos, que está elevando a consciência da Terra ao ponto de ascensão. Nós começaremos a viver nossa própria natureza e a usar nossos dons para o bem de todos. Há muitos anos, ela transmite mensagens de esperança e inspiração mensais para um ou outro do grupo original de seis visionários a quem ela apareceu pela primeira vez.

Suas palavras vieram até mim em todos esses anos, também, como alguém que não pode ser separada do restante. Vários de meus amigos queridos igualmente receberam suas mensagens. É com seu ensinamento e intimidade na oração que aprendi as coisas que lhe trago agora, então imagine o prazer que senti quando ouvi a mensagem transmitida naquele dezembro em Medugorje para Marija, que recebeu essas palavras. Nessa aparição, a Mãe carregava seu bebê consigo – a Criança Divina. Pela primeira vez, foi ele quem deu a mensagem. O Divino Infante falou! Se você tiver ouvidos para ouvir, significa que a criança agora tem uma voz para falar. O mais novo infante do casamento de Deus com a humanidade agora tem uma voz. É como dizer que a "voz mansa e delicada" de Deus, ouvida por Elias no Livro dos Reis, está pronta para transmitir sabedoria a todos. As palavras proferidas foram simples, mas profundas: "Eu Sou vossa paz".

Agora é o grande ponto decisivo no qual podemos aceitar ou rejeitar a parceria. Para fazer isso, não precisamos aceitar nenhuma doutrina nova do que aquela da Lei do Amor. Somos chamados à tarefa incrível de amar o planeta, nosso próximo e nós mesmos de uma forma nova e mais universal. Nossos corações revelarão neste instante a inteligência e o poder que têm, mantidos em sigilo até estarmos maduros e amorosos o bastante para recebermos tamanho poder. Essa abertura do coração, em todas as pessoas de todos os lugares, é com certeza um grande evento no esquema cósmico para todos os mundos.

À medida que amadurecemos e aprofundamos nosso amor, mais conhecimento penetrará em nossas mentes, pois há segredos preciosos que apenas o coração sabe. Conhecimento sem amor é perigoso! Quando abrimos nossos corações, a coragem nos invade, porque começamos a saber que falar a verdade é o caminho mais garantido para o poder, a evolução e a compreensão mais profundos dos tesouros que temos por sermos uma criação diversa.

Coragem sem amor é perigosa. À medida que nosso amor, conhecimento e coragem amadurecem e começamos a unir nossos esforços sem pensar primeiro em ganho pessoal, um grande poder se derramará em e entre nós.

Poder sem amor é perigoso. Nós, enfim, veremos um poder com que não poderíamos nem sonhar, enquanto nos prendíamos a nossa ganância pessoal e nossos desejos do ego. Os desejos do eu ascensionado não têm prazer com a dor ou a desvantagem dos outros, pois essa não é mais uma noção aceita do nosso autoconhecimento. Alcançamos o grande "Ahá!" da nossa singularidade e de ausência de desejo, tanto quanto a unidade na nossa diversidade. Estamos felizes em melhorar o "outro", pois vemos como ele melhora nossa verdadeira felicidade.

O que significará ter todo o conhecimento e informação válidos que foram reunidos por todos os indivíduos, todas as espécies, toda a flora, a fauna e os elementos minerais de toda a experiência da Terra à disposição de cada um de nós quando precisamos? Por um momento, quando meu pequeno "eu" ainda estava na densidade da gravidade terrestre, acredito que seria fantasticamente absurdo pensar que nós poderíamos experimentar a onisciência ou qualquer coisa perto dela. Mas, aqui no primeiro céu, compreendo o sentido desse termo. Não se trata de qualquer indivíduo ter um depósito tão vasto de conhecimento disponível o tempo todo. É uma questão de cada um de nós contribuir para esse depósito, à medida que pudermos; e no corpo ascensionado, sermos capazes de acessar o depósito em qualquer momento e saber o que é necessário naquele instante. Enquanto sigo meu caminho e abro meu coração aos impulsos do meu cérebro, também vejo e recebo a todo o momento tudo o que for necessário para minha tarefa.

Todos os problemas com os quais nos excedemos e que nos sobrecarregam agora têm respostas aqui neste outro plano, onde nós nos juntamos e aprendemos um com o outro. Onde nos recusamos a ver nossas conexões ou a reverenciarmos, há bloqueios na grade de informação. Humildade, confiança e disposição de aprender dissolvem os bloqueios e permitem a comunicação sem palavras, mantendo a informação vital que corre pelas conexões parecidas com dendritos que nos cercam e envolvem. Logo nós precisaremos de menos palavras, teremos menos barreiras linguísticas e sentiremos menos atrasos na comunicação.

Fechar nossos corações só nos causará mal.

Depois dessa pequena digressão, por favor, reúna-se a mim na Sala de Reuniões. Você está começando a ver que estamos nos reunindo nessa sala, aqui nas Plêiades? Lembre-se de que este não é um lugar como Washington, Nova Jérsei ou até mesmo o Mar da Tranquilidade, na Lua. É um local metafórico na psique coletiva que todos compartilhamos. Alguns o chamaram de Registros Akáshicos no passado. Père Teilhard de Chardin,[29] o inspirado cientista e místico, o chamou de "noosfera", em 1922, em *Cosmogenesis*. Ele apresentou essa reunião como uma nova esfera planetária que se junta à hidrosfera, à atmosfera e a todas as muitas esferas que sustentam a vida no planeta. Nós somos sustentados por essas esferas em comum; elas não são propriedade de ninguém. A noosfera contém a sabedoria reunida de todas as formas de vida no planeta, mas principalmente da consciência humana – a consciência da Gaia, o organismo único que somos coletivamente. Eu ainda prefiro falar da consciência da Imaculada Conceição, a qual só poderia ser mantida pela matéria, na amada de Deus, que "pondera todas as coisas em seu coração" (Lucas 2:51).

---

29. Teilhard de Chardin (1881-1955), um padre jesuíta francês que estudou Paleontologia e Geologia, concebeu a ideia do "ponto ômega", o nível mais elevado de complexidade e consciência que o universo poderia atingir, e popularizou o conceito da noosfera. Ele escreveu duas obras abrangentes: *The Phenomenon of Man* descrevia o desenvolvimento do cosmos e a evolução da matéria por toda a humanidade até uma reunião derradeira com Deus no Cristo Cósmico. *The Divine Milieu* defendia a crença jesuíta de que o trabalho secular – incluindo o científico – era um elemento integrante da encarnação; que os esforços humanos são transformados no "meio divino".

Então aqui estamos de novo, na Sala de Reuniões. E o que essa sala pede a você, se não é colocar de boa vontade sua experiência de vida única – seu conhecimento e amor, o que fere e o que cura, o que causa crescimento e o que o impede – à disposição do Uno?

Sua experiência única é algo que o Uno não pode saber de nenhuma outra maneira. Os grandes e poderosos do planeta podem achar que conseguem descobrir respostas que os eduquem, mas a vida é projetada de tal forma que ninguém ou nenhum grupo pode saber o que é realmente necessário para a vida florescer.

Nós não precisamos escrever artigos e cartas para transmitir nossa informação. Esse é o modo exotérico (externo) de compartilhar sabedoria. É bom em seu lugar, mas infortunadamente inadequado para as tarefas adiante. A maneira mais certa, segura e eficaz de transmitir sua sabedoria e experiência é diretamente no Todo. Esse é o sentido da assunção, assim como Maria foi assumida no céu. A tarefa da reunião é a forma que ensinamos à divindade como é existir na biologia. Cada um de nós tem experiências diferentes, e a divindade quer e precisa conhecer todas elas. Suas necessidades não são menores do que as de reis, rainhas, santos e mendigos. Sua verdade não é menos legítima ou importante do que a de estudiosos e sábios, pessoas com sabedoria de rua e os deficientes intelectuais.

Quando você finaliza o trabalho de selecionar e reunir sua própria sabedoria, então é hora de entregá-la ao Todo. Quando você está magoado ou ferido, é hora de entregar esses sentimentos ao Todo para serem registrados no grande diário ou registro da vida terrena. Todos os momentos comemorativos, bem como os traumáticos, precisam ser registrados lá para que todas as necessidades do planeta sejam conhecidas e atendidas.

Quando estiver pronto, coloque-se com devoção, assim que estiver em seu momento no tempo, no centro da Espiral Azul. Faça isso sozinho ou com outros em quem confia. É uma confiança sagrada – ser um arquivista para o grande experimento da nossa descida na forma. Nós estamos pesquisando para o futuro, para saber como a biologia pode suportar melhor o grande peso da glória divina.

Você não fará isso de forma definitiva. Uma vez que tiver sido conscientemente iniciado nessa cerimônia, fará isso muitas vezes por dia, em apenas um lampejo de intenção. É parte de sua assunção ao céu.

Embora o termo "assunção" tenha sido usado em conexão com o dogma da Mãe Abençoada, a meditação revela o sentido: o corpo humano é o deleite do Divino, que o atrai para o cômodo do casamento sagrado para ser Uno para sempre. Assim que tiver começado a entender, você verá que nós, que somos seres espirituais, descemos à Terra com o propósito de conhecer a vida biológica e levar essa experiência de volta conosco quando ascensionarmos.

O corpo que trazemos conosco não é o recipiente de barro denso do início. Ele foi moldado e nutrido, afrouxado pelas reações químicas pelas quais passa no viveiro terreno. Ele cresce daquele solo, mas, depois de entrar aqui, não é mais apenas barro. É interpenetrado pelos muitos elementos da Terra que trocaram moléculas com ele, enquanto floresce como uma rosa perfeita ou uma flor de lótus, ambas representantes do florescer da consciência. Ele também foi interpenetrado e inseminado com espírito, cuja luz cai igualmente em todos.

Nós ascensionamos lentamente, sem ver como, o que e quando, e levamos conosco a essência do belo e maravilhoso planeta turquesa do amor. Não deixamos a Terra; ela ascensiona até seu lugar legítimo no cosmos.

Por isso, nós vemos, neste presente trabalho, uma imagem imperfeita dessa verdade, enquanto acontece. Por repetidas vezes, a Mãe Sagrada me ensinou e instou a acentuar o grande dogma de sua Assunção. Mais do que qualquer outro conceito, ele precisa ser entendido agora. Grandes crenças por todo o mundo ensinaram muito sobre outras facetas da nossa visita à Terra, mas esse conceito foi mal compreendido e ignorado. Eu não li sobre ele em nenhuma outra fonte. É o trabalho da Espiral Azul, nossa conexão com mundos mais elevados. É a forma com que seres mais avançados trabalham com os terráqueos para apoiar e produzir o presente que a Terra tem a oferecer para todo o cosmos.

Ainda é a aurora da vida universal, mas, enquanto ela amanhece com todo seu brilho, a Terra será uma gema das profundezas reais, lapidada e colocada como um ornamento ou um diadema a ser usado pelo Todo. Nós não podemos imaginar ainda a glória desse amanhecer. Como um amante diz à amada no *Cântico dos Cânticos*, "Ponha-me como um selo em seu coração e em seus braços", nós nos ofereceremos ao cosmos, pois a Terra será onde o coração brotou pela primeira vez com a rosa branca do amor.

Eu penso no deslumbrante diamante – o Coração do Oceano – que uniu os amantes e todos que os conheciam no filme *Titanic*. Nossa rocha/rosa/Terra será chamada de Coração do Universo. Nós seremos e já somos o planeta do amor, onde o sentimento e a verdadeira recordação podem florescer em dimensões do amor que ainda não vimos. Nós não temos de esperar até depois da vida para encontrá-lo, pois ele está aqui entre nós tão logo nos decidamos a nos abrir para ele.

Como nos diz a 1ª epístola aos Coríntios, todas as coisas passarão, até mesmo as virtudes da esperança e da fé, mas o amor sempre permanece. Nós da Terra, algum dia, conduziremos outros seres fora do seu conhecimento atual, nos caminhos do amor. É aqui que eles virão aprender o que acabamos de começar a criar e moldar na nossa bênção futura.

Você está convidado a entrar na casa – na "primeira mansão" de muitas – onde recriaremos a Terra. Entregue-se a tudo que você deve seguir!

Partículas e Ondas[30]

Ondas

Gosto do que vocês

                 estão fazendo com as minhas

partículas

                 átomos dançantes tremem quando

seus

---

30. Imagem de fundo de Steveroche.

raios correntes perturbam-nos – oh!

com tanta doçura –

partículas de pó sob a luz do Sol

cada tubo de onda

envolve

todas as partículas da minha matéria...

fazendo amor na iminência

da criação,

você e eu, santa Luz,

misturando dois, mais uma vez, na felicidade.

Mary T. Beben

MADRAS Editora® — CADASTRO/MALA DIRETA

Envie este cadastro preenchido e passará a receber informações dos nossos lançamentos, nas áreas que determinar.

Nome _____
RG _____ CPF _____
Endereço Residencial _____
Bairro _____ Cidade _____ Estado ____
CEP _____ Fone _____
E-mail _____
Sexo ❑ Fem. ❑ Masc.   Nascimento _____
Profissão _____ Escolaridade (Nível/Curso) _____

Você compra livros:
- ❑ livrarias
- ❑ feiras
- ❑ telefone
- ❑ Sedex livro (reembolso postal mais rápido)
- ❑ outros: _____

Quais os tipos de literatura que você lê:
- ❑ Jurídicos
- ❑ Pedagogia
- ❑ Business
- ❑ Romances/espíritas
- ❑ Esoterismo
- ❑ Psicologia
- ❑ Saúde
- ❑ Espíritas/doutrinas
- ❑ Bruxaria
- ❑ Autoajuda
- ❑ Maçonaria
- ❑ Outros:

Qual a sua opinião a respeito desta obra? _____
_____

Indique amigos que gostariam de receber MALA DIRETA:
Nome _____
Endereço Residencial _____
Bairro _____ Cidade _____ CEP _____

Nome do livro adquirido: *A Casa Pleiadiana da Iniciação*

Para receber catálogos, lista de preços e outras informações, escreva para:

MADRAS EDITORA LTDA.
Rua Paulo Gonçalves, 88 – Santana – 02403-020 – São Paulo/SP
Caixa Postal 12183 – CEP 02013-970 – SP
Tel.: (11) 2281-5555 – Fax.:(11) 2959-3090
www.madras.com.br

MADRAS® Editora

Para mais informações sobre a Madras Editora,
sua história no mercado editorial
e seu catálogo de títulos publicados:

Entre e cadastre-se no site:

www.madras.com.br

Para mensagens, parcerias, sugestões e dúvidas, mande-nos um e-mail:

marketing@madras.com.br

SAIBA MAIS

Saiba mais sobre nossos lançamentos,
autores e eventos seguindo-nos no facebook e twitter:

@madrased

/madraseditora